SERGEJ ABAŠIN

Die Sartenproblematik in der russischen Geschichtsschreibung des 19. und des ersten Viertels des 20. Jahrhunderts

Inhalt

Die ethnographische Klassifikation im Russischen Reich: Zur Problemstellung ... 1
Warum die Sarten? ... 8
Warum die „Sartenproblematik"? ... 10
Die Sarten als Verwaltungseinheit ... 14
Die Sarten als Tadschiken ... 18
Die Sarten als sesshafte Bevölkerung ... 24
Nalivkin versus Middendorf ... 30
Die Sarten als ein eigenständiges Volk? ... 37
Die „Sarten" bei Ostroumov ... 40
Lapin versus Bartol´d ... 45
„Zametki ob ètničeskom sostave tjurkskich plemen" [Bemerkungen zur ethnischen Zusammensetzung der Turkstämme] von Aristov ... 52
Die Sarten in der Volkszählung von 1897 ... 54
Die Sarten und die ethnographischen Klassifikationen in der laufenden Statistik ... 62
„Die Sartenproblematik" zu Beginn des 20. Jahrhunderts ... 67
Die Sartenproblematik durch die Augen der „Eingeborenen" ... 77
Die Sarten in der Volkszählung von 1917 ... 84
Die Sarten als Usbeken ... 88
„Die Sartenproblematik" in den 1920er Jahren ... 100
Die Volkszählung des Jahres 1926 – Zum ersten Mal ohne Sarten ... 108
Schlussfolgerung ... 116
English summary ... 118
Literaturverzeichnis ... 120

Die Frage nach der Entstehung des Nationalismus ist eines der populärsten, um nicht zu sagen *das* beliebteste Thema in den gegenwärtigen Sozialwissenschaften. Jedes Jahr erscheinen Dutzende von Fachmonographien und Sammelbänden, Hunderte, wenn nicht sogar Tausende an Artikeln, in denen jedes Mal von neuem die Frage gestellt wird: Was ist eine Nation? Wie weit ist die Nation geschichtlich verwurzelt? Ist Nationalismus das Ergebnis einer Jahrtausende währenden Entwicklung oder handelt es sich hierbei um ein Erfordernis heutiger Tage, oder gar um eine modernere Erscheinung? Alle Versuche, eine einfache und zugleich eindeutige Antwort zu geben, haben bisher, trotz einer Vielzahl interessanter und profunder Untersuchungen, nicht zu einem breiten Konsens unter Fachleuten geführt.

Die vorliegende Arbeit bietet eine eigene, bei weitem nicht allgemein geteilte Sicht auf die Geschichte der Nationenbildung in Mittelasien. Es geht hier nicht darum, alle diesbezüglichen Probleme zu lösen und den gesamten Prozess der Nationenbildung zu beleuchten. Dies würde bei weitem den Rahmen dieser Arbeit sprengen. Die Aufgabe ist wesentlich bescheidener bemessen. Es soll gezeigt werden, dass ein neuer, für die sowjetische und russische Geschichtsschreibung ungewöhnlicher Zugang zur Erforschung der mittelasiatischen Nationen möglich ist. Es geht darum, den Leser in neue Fragestellungen und Problemkreise des Themas einzuführen.

Die ethnographische Klassifikation im Russischen Reich: Zur Problemstellung

Trotz einer kaum zu überblickenden Anzahl von Arbeiten zu diesem Themenkomplex, ist Mittelasien bisher in vielerlei Hinsicht *terra incognita* geblieben. Genau genommen ist nämlich der bedeutende Teil an Erkenntnissen zur Region, welcher die strukturelle Beschaffenheit der einheimischen Bevölkerung und ihrer Einzelbestandteile durch die Historie hindurch darstellen könnte, bisher entweder noch nicht in die wissenschaftliche Diskussion eingebracht worden, oder eine eingehende Auswertung der Ergebnisse steht immer noch aus. Indessen besteht die eigentliche Schwierigkeit bei der Erforschung der ethnographischen Zusammensetzung der mittelasiatischen Bevölkerung weniger in einem Informationsmangel. Vielmehr bereitet die methodologische und theoretische Voreingenommenheit des „Blickwinkels" auf die Konstituierung der mittelasiatischen Bevölkerung Schwierigkeiten. So wurde erstens im

Vorgriff angenommen, dass es abgrenzbare ethnische Gruppen (Ethnien) – damit verbunden ein ethnisches Selbstbewusstsein – als grundlegende Kriterien zur Einteilung der Gesellschaft geben muss. Zweitens wurde von vorn herein eine beschränkte Anzahl an ethnischen Gruppen angenommen, deren endgültige Anzahl in Ideologie und Aufbau der Nationalstaaten des zeitgenössischen Mittelasiens bereits vorherbestimmt war.
Beispiele sind schnell zur Hand. Zeitgenössische usbekische Historiker beginnen ihr Hauptwerk *Turkestan v načale XX veka* [Turkestan zu Beginn des 20. Jahrhunderts] mit folgender Erläuterung:

> Zu Beginn des 20. Jahrhunderts war das Territorium des heutigen Usbekistans auf drei Staatsgebilde verteilt [...]. Das territorial größte und bevölkerungsreichste war das turkestanische Generalgouvernement [...]. Den überwiegenden Teil der mehr als fünfmillionenköpfigen Bevölkerung des Krajs stellten Usbeken, Tadschiken, Kirgisen, Kasachen, Turkmenen und andere autochthone Völker.[1]

Woher stammen diese Angaben? Die gesamtrussische Volkszählung des Jahres 1897, auf die ich noch detaillierter zu sprechen komme, nennt völlig andere Rahmendaten zu den „autochthonen" Völkern Turkestans: Am zahlreichsten vertreten sind die Kirgis-Kasachen mit ungefähr 1,9 Millionen. Danach kommen zahlenmäßig die Sarten mit ca. 970.000, die Usbeken mit ca. 730.000, die Türk mit ca. 400.000, die Tadschiken mit ca. 350.000, die Turkmenen mit ca. 250.000, die Kara-Kirgisen mit ca. 200.000.[2]
Es ist davon auszugehen, dass die Angaben der Volkszählung einer Revision unterzogen und später aufgekommenen Vorstellungen gemäß „angepasst" wurden. Der deutsche Historiker Andreas Kappeler schreibt in seinem Buch *Russland als Vielvölkerreich*:

---

[1] *Turkestan v načale XX veka: k istorii istokov nacional'noj nezavisimosti*, Taškent 2000, S. 9 (Anm. 1).

[2] *Pervaja Vseobščaja perepis' naselenija Rossijskoj imperii 1897 g.* T.LXXXIII, *Samarkandskaja oblast'*, SPb. 1905, S. 48f.; *Pervaja Vseobščaja perepis' naselenija Rossijskoj imperii 1897 g.* T.LXXXII, *Zakaspijskaja oblast'*, SPb. 1904, S. 54f.; *Pervaja Vseobščaja perepis' naselenija Rossijskoj imperii 1897 g.* T.LXXXV, *Semirečenskaja oblast'*, SPb. 1905, S. 52f.; *Pervaja Vseobščaja perepis' naselenija Rossijskoj imperii 1897 g.* T.LXXXVI, *Syrdar'inskaja oblast'*, SPb. 1905, S. 56f.; *Pervaja Vseobščaja perepis' naselenija Rossijskoj imperii 1897 g.* T. LXXXIX, *Ferganskaja oblast'*, SPb. 1904, S. 60f.

tribale oder regionale Identitäten, Religion und Lebensform (Nomaden oder Seßhafte) waren wichtiger als ethnisch-sprachliche Kriterien [...]. Mehrdeutig und Veränderungen unterworfen waren auch einzelne Ethnonyme, so daß eine Rückprojektion der heutigen Völkernamen in die Irre führen kann.[3]

Darüber hinaus lässt sich jedoch in demselben Abschnitt des Buches noch eine andere Behauptung finden. Demnach sei es den russisch-englischen Abkommen über Einflussbereiche in Mittelasien geschuldet, „daß Turkmenen, Tadschiken, Usbeken und Kirgisen auf unterschiedliche Staaten verteilt wurden."[4] Es kann nur vermutet werden, was Kappeler damit meint, wenn er im letztgenannten Zitat von den Tadschiken, Usbeken etc. spricht. Meint er real existierende ethnische Gemeinschaften oder doch eher *Rückprojektionen heutiger Bezeichnungen*? Falls er letzteres meint, so könnte man im Ernst von „auseinandergerissenen" Völkern sprechen.

Die meisten Gelehrten von heute und in ihrem Gefolge auch die Fachleute anderer Genres – Journalisten, Schriftsteller, Politologen – sehen die Geschichte der Region als die Geschichte von „Usbeken", „Tadschiken" und „Kirgisen". Sie sind zusammen die „Titularvölker" der entsprechenden Staaten Mittelasiens mit einer gewissen Anzahl an „Nichttitularvölkern", die „ihre" nationalen Territorien außerhalb der Regionsgrenzen haben (Uighuren, Juden, Araber, Kalmücken etc.), oder allgemein anerkannter Minderheiten (Zigeuner). Diese „Ethnien" entstehen, wachsen heran, treten in Beziehung zueinander, führen Kriege, handeln, herrschen, oder unterwerfen sich.

Inzwischen wäre es allerdings methodologisch korrekter, die ethnographische Zusammensetzung der einheimischen Bevölkerung zu untersuchen und zeitgleich zu erforschen, wie sich die Vorstellung über die ethnographische Zu-

---

[3] Kappeler, Andreas, *Russland als Vielvölkerreich. Entstehung, Geschichte, Zerfall*, München 1993, S. 161 [Anmerkung des Übersetzers: Abašin hat mit einer russischen Übersetzung gearbeitet: Kappeler, A. Andreas, *Rossija – mnogonacional'naja imperija: vozniknovenie, istorija, raspad*, M. 1996].

[4] Ebd., S. 164 [Anmerkung des Übersetzers: Die von Abašin herangezogene russische Übersetzung lautet an dieser Stelle: „bylo to, čto turkmeny, tadžiki, uzbeki i kirgizy okazalis' v različnich gosudarstvach, granicy meždu kotorymi rasčlenili každyj iz ětich ětnosov", d.h. zu deutsch in etwa: „war es, dass die Turkmenen, Tadschiken, Usbeken und Kirgisen in verschiedenen Staaten auftauchten, deren Grenzen jede dieser Ethnien auseinanderrissen", in: Kappeler, Andreas, *Rossija – mnogonacional'naja imperija: vozniknovenie, istorija, raspad*, M. 1996, S. 145].

sammensetzung entwickelte. Wann und auf welche Art und Weise entstanden die heute üblichen nationalen Klassifikationen? Wie und von wem wurden sie erörtert? Wie und warum veränderte sich die Bedeutung jener ethnischen Bezeichnungen, die heute so gebräuchlich und verständlich erscheinen. Dies sind Fragen, ohne deren Beantwortung eine jede *ethnogenetische* Betrachtung zu einer bloßen Spekulation verkommt.

Die einheimische Schrifttradition könnte eine der wichtigsten Quellen zur Geschichte der Bevölkerungsbildung Mittelasiens darstellen. Jedoch ist sie, einmal von einigen wenigen Ausnahmen[5] abgesehen, dem Nichtorientalisten bedauerlicherweise bisher nur in geringem Umfang zugänglich. Eine sorgfältige Analyse dieser Art von Quellen steht noch aus. Nichtsdestotrotz lässt sich aus den vorhandenen Daten ersehen, dass der Bevölkerung in der Region bis zum Einmarsch der Russen in den 1860-70er Jahren (im Emirat von Buchara bestand dieser Zustand bis in die 1920er Jahre, d.h. noch weitere 50 bis 60 Jahre fort) ein ethnisches Selbstbewusstsein völlig unbekannt war. Die alltäglichen Verhaltensstrategien und Interessen der Leute – so auch ihre Identitäten – gründeten sich auf ständische („weißer Knochen" und „schwarzer Knochen"), religiöse (Sunniten, Schiiten und Ismailiten, Zugehörigkeit zu verschiedenen sufischen Bruderschaften), wirtschaftlich-kulturelle (sesshaft, nomadisch und halbnomadisch, aus Gebirgsregionen stammend), regionale (Einwohner von Buchara, Samarkand, Chodschent, Darwas u.a.), verwandtschaftliche, stammbezogene und andere Zuordnungen. In jedem Staatsgebilde (Khanat, Emirat), ja bereits in jeder großen Oblast´ (Beylik oder andere regionale Fürstentümer) gab es eine eigene Bezeichnung und eine eigene Hierarchie sozialer Ränge oder Kategorien, nach welchen die Bevölkerung aufgeteilt wurde. Ein Mensch oder eine Gruppe von Menschen, die in eine kulturhistorisch anders geprägte Region übersiedelten, trennten sich von ihren früheren Hierarchien und Nomenklaturen und übernahmen ohne weiteres neue. Eine solche Plastizität des Selbstbewusstseins wurde durch die Lebensumstände vorgegeben. Unter den reichlich extremen Bedingungen (Knappheit an lebensnotwenigen Ressourcen, ständige Kriege, Migrationen usw.) war jeder Mensch und jede Gruppe dazu gezwungen, von den Mechanismen Gebrauch zu machen. Mittels dieser

---

[5] Unter den jüngst erschienen Arbeiten, vgl. bspw.: Bejsembiev, Timur K., *Ta´richi-i Šachruchi kak istoričeskij istočnik*, Alma-Ata 1987; von Kügelgen, Anke, *Die Legitimierung der mittelasiatischen Mangitendynastie in den Werken ihrer Historiker (18.-19. Jahrhundert)*, Würzburg 2002 [Anmerkung des Übersetzers: Abašin hat mit einer russischen Übersetzung gearbeitet: Fon Kjugel´gen, Anke, *Legitimacija sredneaziatskoj dinastii mangitov v proizvedenijach ich istorikov (XVIII-XIX vv.)*, Almaty (Dajk Press) 2004].

Mechanismen suchten sie mächtigere Patrone auf, begaben sich in deren Protektion und fanden bzw. veränderten so ihren Platz in politischen und kriegerischen Bündnissen. Die ersten Versuche die Bewohner Mittelasiens systematisch zu klassifizieren, gab es erst mit dem Beginn enger diplomatischer, späterhin auch kriegerischer Kontakte der regionalen Staaten mit den europäischen Mächten Russland und Großbritannien. Anfangs versuchte der „Okzident" mit deren Hilfe die Logik hinter dem Verhalten und der Entwicklung des „Orient" zu verstehen. Es dauerte aber nicht lang, bis der „Okzident" für sich selbst eine Erklärung dafür fand, warum diese von „unzivilisierten" Völkern besiedelten und von „despotischen" Herrschern regierten Länder sich ihm zu unterwerfen hätten. In den 1860-1880er Jahren geriet das Territorium zwischen Syr Darja und Amu Darja unter die vollständige Kontrolle des Russischen Reiches.[6] Schlussendlich wurde Mittelasien zur geographischen und administrativen Peripherie eines der mächtigsten europäischen Reiche. Die militärische Eroberung eröffnete den Weg zur *konzeptionellen Eroberung*. Nach Diplomaten, Soldaten und Beamten strebten Statistiker, Ethnographen, Linguisten und Anthropologen in die asiatische Peripherie. Ihre wichtigste Waffe war das Know-how um das Schaffen von Klassifikationen und Beweisführungen, das Führen von Interviews und das Produzieren eines Kategoriensystems zur Bezeichnung der einheimischen Bewohner. Die neuen Staatsangehörigen sollten in den Augen der russischen Obrigkeit einer eingehenden Untersuchung unterzogen werden. In Abhängigkeit der Ergebnisse aus den Untersuchungen sollten sie die eine oder andere symbolische Nische unter dem Dach des Reiches und innerhalb der kolonialen Hierarchie zugestanden bekommen.

Am meisten verbreitet war die Klassifikation der „*Stämme*".[7] Diese Klassifikation sollte in sich sowohl sprachliche, als auch kulturelle, die Rasse betref-

---

[6] Von den drei Staaten (Khanat von Kokand, Emirat von Buchara und Khanat von Chiwa) wurde das erste aufgelöst und Russland einverleibt, das zweite und das dritte wurden zu russischen Protektoraten mit einer recht beschränkten Autonomie in inneren Angelegenheiten.

[7] Im 19. Jh. wurde der Begriff „Stamm" in der Literatur in Bezug auf die mittelasiatischen Völker meistens in der Bedeutung einer isolierten und unentwickelten ethnographischen Einheit gebraucht. Synonyme waren die Wörter „Narodnost'", „Volk", „Nacional'nost'". Zu Beginn des 20. Jh. verdrängte der Begriff „Nacional'nost'" schrittweise die anderen Termini. Über die Verwendung einiger dieser Termini, vgl: Knight, Nathaniel, "Ethnicity, Nationality and the Masses: Narodnost' and Modernity in Imperial Russia", in: *Russian Modernity: Politics, Knowledge, Practices*, Hoffman, David L./ Kotsonis, Yanni (Hgs.), London/ New York 2000.

fende und religiöse Elemente vereinigen. Im Rahmen dieser Klassifikation brach sich allerdings eine anfangs noch rudimentär ausgeprägte, später zunehmend deutlichere Konturen aufweisende Sicht auf die mittelasiatische Bevölkerung Bahn, in der diese nicht als einheitliches Ganzes, sondern eher als Gesamtsumme nationaler und pränationaler (*ethnische*, wie wir heute sagen würden) Gemeinschaften und Gruppen erschien. Die russischen Gelehrten wählten aus den lokalen Selbstbezeichnungen diejenigen aus, die ihrer Meinung nach reale kulturell-sprachliche Einheiten bezeichneten und kreierten daraus eine für die ganze Region einheitliche Nomenklatur von „*Narodnosti*". Diese Sicht setzte sich mit der Zeit innerhalb des Reiches durch und wurde im Rahmen derjenigen politischen Strategien bestimmt, die von den antikolonialen und „eingeborenen" reformatorischen Kräften entwickelt wurden.
Die Tatsache, dass die Reiche Westeuropas, zu denen auch das Russische Reich gerechnet werden kann, an ihre asiatischen Kolonien den Begriff der „*Nation*" und „*Nacional'nost*" künstlich von außen herangetragen haben, ist schon seit langem Thema historischer und ethnographischer Studien. Darüber schrieb u.a. auch Benedict Anderson, der in seinem Buch *Imagined Communities*[8] dem Übergang vom Kolonialismus zum modernen Nationalismus nachspürte. In der im Jahre 1991 erschienenen zweiten Auflage des Buches, schreibt Anderson, wobei er das Reich und die antiimperialen Nationalismen im Blick hatte:

> the state imagined its local adversaries, as in an ominous prophetic dream, well before they came into historical existence.[9]

Aus der Sicht Andersons hatte der anti-nationalistische Staat, wie das Reich einer war, selbst die Kraft zur Bildung einer "*grammar of the nationalisms*". Diese wurde sodann von der kolonialen Elite zum Kampf gegen ihn instrumentalisiert. Dieses Paradox erklärt Anderson damit, dass das Reich einen be-

---

[8] Anderson, Benedict, *Imagined Communities. Reflections on the Origin and Spread of Nationalism*, London/ New York (Verso) 2003 [Anmerkung des Übersetzers: Das Buch von 2003 ist die 13. Auflage der durchgesehenen und erweiterten, bei Verso veröffentlichten Auflage von 1991, auf die sich Abašin in folgender russischer Übersetzung stützt: Anderson, Benedict, *Voobražaemye soobščestva: Razmyšlenija ob istokach i rasprostranenii nacionalizma*, M. 2001]. Eine genauere Übersetzung des Buchtitels ist: „Voobražennye soobščestva".

[9] Ebd., S. xiv.

sonderen "style of thinking about its domain" hatte, dem eine "totalizing, classificatory grid" zugrunde lag. Alles war "bounded, determinate, and therefore – in principle – countable", und führt abschließend zur Behauptung:

> The particular always stood as a provisional representative of a series, and was to be handled in this light. This is why the colonial state imagined a Chinese series before any Chinese,[10] and a nationalist series before the appearance of any nationalists.[11]

Als Instrumentarium für dieses imperiale Ideengebilde dienten laut Anderson die Volkszählung, die Kartographie und Museumskunde, denen er in seinem wieder aufgelegten Buch ein neues Kapitel, "Census, Map, Museum", widmete. Strukturanalog führt er eine anlässlich der Volkszählungen in Malaysia durchgeführte Untersuchung an, wo

> facsimiles of the ‚identity categories' of successive censuses [...] show an extraordinarily rapid, superficially arbitrary, series of changes, in which categories are continuously agglomerated, disaggregated, recombined, intermixed, and recorded.[12]

Desweiteren führt er dies auf die Kolonialbeamten zurück, die er mit folgenden Worten charakterisiert:

> intolerance of multiple, politically ‚transvestite,' blurred, or changing identifications. [...] The fiction of the census is that everyone is in it, and that everyone has one – and only one – extremely clear place. No fractions.[13]

Er folgert daraus:

---

[10] Anderson führt ein Beispiel an, in dem die Beamten der holländischen Ostindienkompanie den Namen „chinezen" (Chinesen) zur Bezeichnung einer kulturell verschiedenstämmigen Händlerklasse der Küstenregion Südostasiens benutzten (ebd., S. 166ff).

[11] Ebd., S. 184.

[12] Ebd., S. 164.

[13] Ebd., S. 166.

> The new demographic topography put down deep social and institutional roots as the colonial state multiplied its size and functions. Guided by its imagined map it organized the new educational, juridical, public-health, police, and immigration bureaucracies it was building on the principle of ethno-racial hierarchies [...].[14]

Die Ursprünge der heutigen mittelasiatischen Nationen und Nationalismen sind daher nicht in einer Jahrtausende alten Geschichte, sondern, glaubt man Anderson, in einer vergleichsweise zeitnahen Geschichte zu suchen. Sie waren eine Erfindung des Russischen Reiches und wurden von diesem ins Leben gerufen. An diese Konzeption haltend, werde ich in dieser Arbeit darzulegen versuchen, wie sich dank des russischen Einflusses nationale Klassifikationen und Kategorisierungen ("grammar of nationalisms") in Mittelasien herausgebildet haben. Es wird von der russischen Historiographie, von jenen Wandlungen in den Vorstellungen der Gelehrten und Beamten, die sich im 19. bis zum Beginn des 20. Jahrhundert ereigneten, aber auch von der Entstehungsgeschichte jener ethnographischen Nomenklatur die Rede sein, die später für staatliche Experimente im Bereich der Nationenbildung, die in dieser Arbeit ebenfalls Thema sein wird, zu Beginn der 1920er Jahre grundlegend wurde.

Warum die Sarten?

Im Mittelpunkt meines Interesses steht die so genannte „*Sartenproblematik*". Warum ausgerechnet die Sarten?
Es gibt verschiedene Gründe. Zuallererst fehlt dieser Terminus in der modernen ethnographischen Nomenklatur vollständig, ungeachtet dessen, dass die Sarten noch vor hundert Jahren als bedeutender Teil der regionalen Bevölkerung bezeichnet wurden. Bei allen Zweifeln muss als sicher gelten, dass dieser Terminus offensichtlich auch von denen, die man Sarten nannte, als Selbstbezeichnung anerkannt wurde. Das Wort „Sarten" war bei der Bevölkerung und in der Verwaltung 60 Jahre lang, solange wie Turkestan russische Kolonie war, gebräuchlich. Dann in den ersten Jahren der Sowjetunion (1917-

---

[14] Ebd., S. 169.

1926) verschwand der Begriff aus dem Vokabular der Politiker, Gelehrten und einfachen Leute.[15]

Die meisten anderen Namen aus dem vorrevolutionären Begriffsapparat zur Bezeichnung der mittelasiatischen Völker überlebten die verschiedenen politischen Umschwünge und sozialen Kataklysmen. Diesem Umstand verdankt sich bis heute die eine oder andere Illusion über deren Natürlichkeit und deren Verwurzelung in der Geschichte der Region und verstärkt diese Tendenzen auch noch. Der verschmähte und aus der ethnographischen Klassifikation verbannte Begriff „Sarte" hingegen wird als etwas Künstliches und durch das Reich Aufgezwungenes wahrgenommen.

Zunächst einmal eignet sich die „Sartenproblematik" besonders dafür, die Thematik der gegenseitigen Beziehungen zwischen Russischem Reich und seiner asiatischen Peripherie unter folgenden Gesichtspunkten in den Blick zu nehmen:

> *a. Wie entstand koloniales Wissen und wie funktionierte es?*
> *b. Wie wurde dieses Wissen von den Beamten zur Verwaltung eingesetzt?*
> *c. Welche Wandlungen erfuhr dieses Wissen in der Zeit, da das Reich zerfiel?*

Ein zweiter Punkt betrifft die hitzigen, über Jahrzehnte hinweg geführten Debatten über die Bedeutung des Terminus „Sarte". Sie weisen ein sehr breites Spektrum an Interpretationen und Herangehensweisen auf. Jene konzeptionellen Nachforschungen, Umschwünge und zugleich Stagnationen, die sich im gesellschaftlichen Bewusstsein der Russen des 19. und Beginn des 20. Jahrhunderts vollzogen, gewähren äußerst umfassenden Einblick in alle diese verschiedenen Sichtweisen.

Drittens ist die „Sartenproblematik" nicht nur von abstrakt-theoretischem Interesse. Im heutigen Mittelasien und dessen Umgebung wird eine recht erbitterte Auseinandersetzung um die Vergangenheit der Region sowie deren kulturelle Symbolik und geistiges Vermächtnis geführt, welche die vorangegangenen Generationen von Gelehrten, Schriftstellern und politischen Größen hinterließen. Dreierlei ist darin enthalten. Zum einen ist es eine Auseinandersetzung zwischen den verschiedenen nationalen Eliten, deren jede danach

---

[15] Auch heute machen die Ethnographen die Verwendung des Terminus „Sarte" wieder am Kriterium der mittelasiatischen Lebensgewohnheiten fest. Er wird sowohl zur Bezeichnung einer bestimmten Gesellschaftsschicht angewendet, als auch zur Eigenbezeichnung gebraucht. Aber im Ganzen handelt es sich nicht um eine weit verbreitete Erscheinung.

strebt, die Geschichte zugunsten der eigenen Nation zu „privatisieren" und umzuschreiben. Zum anderen handelt es sich um eine Auseinandersetzung zwischen postsowjetischen Ideologien der „Unabhängigkeit" und postimperialen Nostalgien. Zum dritten haben wir es mit einem Ringen zwischen den großen geopolitischen Entwürfen zu tun, welche jeweils für sich das alleinige Recht in Anspruch nehmen wollen, die Vergangenheit Mittelasiens zu erklären. Neben anderen Themen gerieten die „Sarten" ins Zentrum des Interesses von Wissenschaft und Politik, als irgendwann Mitte des 19. bzw. um die Jahrhundertwende 19./ 20. Jahrhundert – und darum wird es in meiner Arbeit gehen – erneut die Diskussion darüber entbrannte, wer diese Sarten denn eigentlich seien.[16]

Der so dank der Sartenthematik geschlagene Bogen zwischen Vergangenheit und Gegenwart erlaubt es uns, unseren Blick dafür zu schärfen, wie wir überhaupt heute noch von Nation und Nationalismus sprechen und welche Lehren wir eigentlich aus der Geschichte ziehen können.[17]

Warum die „Sartenproblematik"?

Wie ich bereits angemerkt habe, existierte in der russischen Geschichtsschreibung kein einheitliches Verständnis darüber, wer diese Sarten eigentlich

---

[16] Folgende westliche Forscher schneiden dieses Thema in ihren Arbeiten an: Ingeborg Baldauf, John Schoeberlein-Engel, Adeeb Khalid, Daniel Brower, Arne Haugen etc. Unter denjenigen, die sich als Erste mit den Sarten beschäftigt haben, war der ehemalige sowjetische Historiker Jurij Bregel', der in die USA emigrierte (Vgl.: Bregel', Jurij, "The Sarts in the Khanate of Khiva", in: *Journal of Asian History*, Vol. 12, Nr. 2, 1978). Ausführlicher beschäftigte sich mit diesem Thema die russische Forscherin Ol'ga Bronnikova (Vgl.: Bronnikova, Ol'ga M., „Sarty v ètničeskoj istorii Srednej Azii (k postanovke problemy)", in: *Ètnosy i ètničeskie processy. Pamjati R.F. Itsa*, M. 1993; Bronnikova, Ol'ga M., „Problemy ètničeskogo samosoznanija i mežètničeskie otnošenija naselenija Ferganskoj doliny", in: *Mežnacional'nye otnošenija v uslovijach social'noj nestabil'nosti*, SPb. 1994). Vgl. auch die Diskussion in den Zeitschriften: *Ètnografičeskoe obozrenie* (Nr. 1, 2005) und *Ab Imperio* (Nr. 4, 2005).

[17] Am allerwenigsten möchte ich mich derart verstanden wissen, als ob es mein Anliegen wäre, den Appell zu formulieren, die Sarten der Tadschiken halber zu „opfern", sie den Usbeken „zuzuordnen" oder ihnen die eigenständige Existenz zurückzugeben. Ein solcher Schluss würde der ganzen, völlig apolitischen Logik der Arbeit widersprechen, in der ich die Mehrdeutigkeit des Terminus „Sarte" und die Widersprüchlichkeit der Meinungen zu diesem untersuche.

seien. Die einen hielten sie für ein eigenständiges Volk, andere wiederum bestritten dies. Eine dritte Gruppe sprach von den Sarten als einem iranischen, eine vierte Gruppe von einem „türkischen" „Stamm". Eine solche Diskrepanz war durch die Unbestimmtheit in Selbstbewusstsein und Selbstbezeichnung der Bevölkerung, welche Objekt wissenschaftlicher Beschreibung war, bedingt. Sie war aber auch durch die mangelnde Klarheit in den Herangehensweisen und Kriterien bedingt, deren sich die russische (und europäische) Ethnographie im 19. Jahrhundert bediente.[18] Der zuletzt angeführte Umstand bekommt im Verlauf der Diskussion um die „Sartenproblematik" eine große Bedeutung. Je nach dem, welche Merkmale zur Bestimmung der „Narodnosti" von den wissenschaftlichen Gesellschaften als wichtig erachtet wurden, konnten die Sarten einmal als „Iraner", ein anderes Mal als „Turkstämmige", dann wieder als eigenständiges Volk, oder als völlig von der ethnographischen Landkarte Verschwundene auftauchen. Unter anderem waren Anzahl und Reihenfolge jener ethnographischen Merkmale – besonders zu der Zeit, als die Wissenschaft, was den Erwerb einer eigenen, „wissenschaftlichen" Methode anbelangte, selbst noch in den Kinderschuhen steckte – Thema von Auseinandersetzungen und dilettantischer Bemühungen.[19]

Um das Wesen der entstandenen „Sartenproblematik" zu verstehen, muss man sich ins Gedächtnis rufen, dass im 19. Jahrhundert mindestens drei Charakteristika – Sprache, äußeres (anthropologisches) Erscheinungsbild und die Lebensweise (einschließlich Bräuche, Religion, Psychologie) – die Rolle von wesentlichen nationalen Merkmalen spielten. Eine Zeit lang dachte man, dass sie sich

---

[18] Brower, Daniel, *Turkestan and the Fate of the Russian Empire*, London/ New York 2003, S. 51 (oder: Brower, Daniel, "Islam and Ethnicity. Russian Colonial Policy in Turkestan", in: *Russia's Orient. Imperial Borderlands and Peoples, 1700-1917*, Brower, Daniel/ Lazzerini, Edward (Hrgs.), Bloomington 1997, S. 128f.). Es existiert noch eine recht exotische Auffassung, dergemäß den russischen Politikern und Forschern die „Ethnonyme" wohl bekannt waren, die später die offiziellen Namen für die Völker wurden, dass sie diese aber wegen der „großmachtchauvinistischen Haltung den nichtrussischen Völkern gegenüber" extra nicht mit deren wahrem Namen bezeichnen wollten (Ischakov, Fajzulla, *Nacional'naja politika carizma v Turkestane (1867-1917 gg.)*, Taškent 1997, S. 19 (Anmerkung 1).

[19] Slezkin, Jurij, „Estestvoispytateli i nacii. Russkie učenye XVIII veka i problema ètničeskogo mnogoobrazija", in: *Rossijskaja imperija v zarubežnoj istoriografii*, M. 2005. Vgl. auch: Kuprijanov, P.S., „Predstavlenija o narodach u rossijskich putešestvennikov načala XIX v.", in: *Ètnografičeskoe obozrenie, Nr. 2*, 2004. Die Frage nach den „Merkmalen" einer Nation wird auch im 20. und zu Beginn des 21. Jahrhunderts weiterhin erörtert und wird wohl kaum irgendwann gelöst werden.

einander gegenüber in einem fixen, unverrückbaren Bezugsystem befänden und in ihrer Gesamtheit das Bild dieser oder jener Narodnost´ prägten. Die ersten Erfahrungen der russischen (und westlichen) Forscher im Gespräch mit der asiatischen Bevölkerung förderten, wie es anfangs den Anschein machte, diese Herangehensweise. Durch die Reisen diplomatischer Gesandtschaften nach Buchara und Chiwa in der ersten Hälfte des 19. Jahrhunderts und die Befragung von Händlern aus Buchara und Chiwa speiste die Überzeugung, dass die Usbeken und Tadschiken die zwei größten Völker Mittelasiens sind.[20] Erstere sprächen eine Turksprache, hätten ein mongolisches Äußeres und führten ein Nomadenleben (oder haben jedenfalls ein solches bis vor kurzem geführt). Letztere sprächen iranisch, hätten äußerliche Ähnlichkeiten mit Europäern und seien von alters her Ackerbauern und Handwerker. All dies passte ausgesprochen gut in die damalige Vorstellung von der Geschichte des Mittleren Ostens, den altpersischen Staaten, von der Völkerwanderung und den mongolischen Eroberungen.

Ich werde hier nicht der Frage nachgehen, wie es zur ersten ethnographischen Klassifikation kam, in der Usbeken und Tadschiken im Mittelpunkt der Betrachtung standen. Dies wäre Gegenstand einer eigenen Untersuchung. Ich kann nur darauf verweisen, dass die Gelehrten, die diese Klassifikation schufen, die wirklichen Gegebenheiten stark vereinfachten, indem sie widersprüchliche Tatsachen in ein bereits vorgefertigtes, ihnen zusagendes Schema pressten.[21] An den von ihnen geschaffenen Konstrukten zeigt sich allerdings eine binäre Logik, welche die vielfältigen, durch Übergänge und Vermischungen entstandenen Züge auf zwei sich gegenüberstehende ethnographische Pole zurückführt.[22] Die gesammelten und neu gesichteten Fakten wurden nur dem Modell angepasst. Jedoch wurde der Wahrheitsgehalt – dahinter stand die Autorität bekannter Orientalisten – von keinem in Zweifel gezogen.

---

[20] Vgl.: Chanykov, Nikolaj V., *Opisanie bucharskogo chanstva*, SPb. 1843; Mejendorf, Egor K., *Putešestvie iz Orenburga v Buchary*, M. 1975.

[21] Vgl.: Abašin, Sergej N., „Archeologija sredneaziatskich nacionalizmov: Les mot et les choses", in: *Ab Imperio*, Nr. 1, 2003.

[22] Selbstverständlich behaupte ich nicht, dass eine solche Gegenüberstellung von Usbeken und Tadschiken völlig frei erfunden wurde. Es ist möglich, dass diese Opposition sich mehr oder weniger ausgeprägt schon im Buchara der Jahrhundertwende vom 18. zum 19. Jahrhundert zeigte, als sich die einheimische Elite in zwei „Parteien" aufteilte, die usbekischen Aristokraten und die ehemaligen, persischstämmigen Sklaven. Im Übrigen handelt es sich dabei nur um eine Hypothese, auf die ich mich nicht versteifen möchte.

In der zweiten Hälfte des 19. Jahrhunderts änderte sich die Situation grundlegend. Im Jahre 1853 eroberte das russische Heer Ak-mečet' (das heutige Qzyl-Orda), den nördlichen Vorposten der Besitztümer Kokands. Im Jahre 1865 wurde im Eiltempo Taschkent eingenommen und die Turkestanische Oblast' innerhalb des Orenburger Generalgouvernements gebildet. Im Jahre 1866 zogen die Russen in Chodschent ein und im Jahre 1867 machte man die Turkestanische Oblast' zum Turkestanischen Kraj. Im Jahre 1868 wurde Samarkand eingenommen, 1879 wurde die Armee von Buchara zerschlagen, im Jahre 1873 wurde dem Khan von Chiwa eine verheerende Niederlage beigebracht. Zu guter Letzt wurde 1875 das Ferghanatal erobert. Wenn Russland früher aus der Ferne und durch die Brille Reisender und Diplomaten auf die Region geblickt hatte, so war es nun selbst in Mittelasien präsent und sah das, was bei dem flüchtigen Blick vorher nicht existent und unbemerkt geblieben war.

Die Opposition von Usbeken und Tadschiken wurde sehr schnell als nicht über die Grenzen Bucharas anwendbar erkannt. Vielmehr wurde deutlich, dass diese Bezeichnungen selbst oftmals nicht sonderlich beliebt waren und verschieden aufgefasst wurden. Die ethnographischen Merkmale, welche in dem Schema „Usbeken/Tadschiken" so glücklich ineinander griffen, standen, wie schnell deutlich wurde, in Wirklichkeit in einem komplexen Wechselverhältnis. Ein bedeutender Teil der mittelasiatischen Bevölkerung, die in der Umgebung Taschkents und im Ferghanabecken lebte, verständigte sich vor allem in Turksprachen. Jedoch hatten sie kein ausgeprägtes mongolisches Aussehen und pflegten ausschließlich einen sesshaften Lebensstil. Der allgemein gebräuchlichste Name für sie wurde: Sarte.[23]

Diese neuen Voraussetzungen zwangen die Forscher dazu die alten Auffassungen erneut in den Blick zu nehmen und zu überdenken, welche der genannten Merkmale bei der Formierung eines Volkes von grundlegender Bedeutung wären. Sollten dies die Lebensweise, Bräuche, Psychologie und das Aussehen sein, so wären die Sarten zu den „iranischen" Narodnosti zu zählen.

---

[23] Das Wort „Sarte" war den russischen Forschern noch aus dem 18. Jahrhundert bekannt. Der Forscher Iogann G. Georgi beispielsweise schrieb noch 1796, dass „sich die Bewohner beider in Baschkortostan befindlichen bucharischen Volosti sowohl selbst als Sarten bezeichnen, als auch durch die örtlichen Verwaltungsstellen bezeichnet werden; unter diesem Wort hat man die Karawanen reisender Kaufleute zu verstehen" (Georgi, Iogann G., *Opisanie obitajuščich, v Rossjskom gosudarstve, narodov, tak že ich žitejskich obrjadov, ver, obyknovenij, žilišč, odežd i pročich dostopamjatnostej. Čast' 2. O narodach tatarskogo plemeni*, SPb. 1796, S. 74).

Wenn es die Sprache wäre, dann müssten sie zu den „Turkstämmen" hinzugerechnet werden. Würden alle Merkmale als gleichwertig angesehen, so müsste man die Sarten als ein eigenständiges Volk mit einer eigenen, wenngleich der Herkunft nach vermischten Kultur bezeichnen. Eben auf diese Weise betrachtete man seit Mitte des 19. Jahrhunderts die „*Sartenproblematik*" und unter eben diesen konzeptionellen Rahmenbedingungen wurde diskutiert.

Die Sarten als Verwaltungseinheit

Bevor unmittelbar zur wissenschaftlichen Debatte übergegangen werden soll, möchte ich kurz versuchen, eine Antwort auf die Frage zu geben, ob der Terminus „Sarte" eine administrative Funktion im Verwaltungsapparat der Turkestanischen Kolonie erfüllte.

Die Tatsache – es war weiter oben bereits davon die Rede –, dass beim Erobern und Regieren Kenntnisse von den eroberten Ländern und Völkern vonnöten waren, ist unumstritten und wohl auch kaum anzuzweifeln. Die militärische Unterwerfung ging mit einer „konzeptionellen" einher. Die Kenntnisse, seien sie systematischer oder chaotischer Natur, wissenschaftlich oder künstlerisch, verbal oder visuell, dienten auf jeden Fall direkt oder auf mittelbare Weise dem Reich. Unter dieses Wissen fielen auch die ethnographischen Klassifikationen, welche die Vorstellungen über die einheimische Bevölkerung in ein Regelwerk brachten. Durch die Klassifikationen wurde der einheimischen Bevölkerung ein Platz in einem bereits vorgegebenen Weltbild zugewiesen und eine Erklärung bereitgestellt, worin die Besonderheiten dieser Bevölkerung lagen und wie diese sich entwickelten.

Damit soll nicht gesagt werden, die ethnographischen Namen, welche die russischen Gelehrten und Beamten der einheimischen Bevölkerung zueigneten, hätten ausschließlich als staatliche Machtwerkzeuge gedient. Auch soll damit nicht gesagt werden, jede einfache Überlegung zur Klassifikation von mittelasiatischen Stämmen hätte nur einem eigennützigen Ziel gedient. Damit ist auch nicht gemeint, dass man die ethnographischen Bezeichnungen und Klassifikationen direkt in den Verwaltungs- und Rechtsstrukturen der Kolonien verwendete (oder absichtlich nicht verwendete).[24]

---

[24] Ich erinnere daran, dass vor noch nicht allzu langer Zeit die sowjetische Historikerin Zinaida D. Kastel'skaja folgendes schrieb: „Nachdem Turkestan künstlich in Uezdy und Oblasti aufgeteilt worden war, fassten sie [d.h. die russischen Kolonisatoren – S.A.] in diesen die Vertreter verschiedener Völker zusammen und hetzten die Völker gegen-

Im Sinne der offiziellen wie auch inoffiziellen, gesamtstaatlichen Klassifikationen gehörten alle „eingeborenen" Bewohner Mittelasiens zur Gruppe der „Fremdstämmigen", d.h. zu den Leuten einer „anderen Art", zu den „anderen". Dieses Stigma genügte, um jenen von Unterwerfung gezeichneten Ort zu bezeichnen, welchen diese Bewohner innerhalb der Hierarchie russischer Völker einzunehmen hatten, und die beschränkten Rechte zu benennen, die sie besaßen und auf die sie Anspruch hatten.[25] Die Bedeutung des Terminus „Fremdstämmiger" war nicht eindeutig. Sie veränderte sich parallel zur Ausweitung der Reichsgrenzen und schrittweise zu den Richtungskorrekturen der Reichspolitik im Hinblick auf deren Umgang mit den Randgebieten. Aber mit Hilfe des Terminus war es möglich, mehr oder minder beständige und klare verwaltungspolitische Grenzen zwischen „eigenen" und „anderen" zu ziehen. Die in den verschiedenen Regionen betriebene Reichspolitik erforderte, innerhalb der „Fremdstämmigen" verschiedene u.a. ethnographische Gruppen mit unterschiedlichen Besonderheiten zu unterscheiden. Dieses Erfordernis besaß häufig lokales Kolorit und hatte amtlichen Charakter.

Im Jahre 1867 wurde eine zeitweilige Verfügung zur Verwaltung der Semirečensker und Syr Darja Oblast´ erlassen. Diesem entsprechend wurde die Bevölkerung des gerade neu geschaffenen Turkestanischen Kraj in zwei Gruppen unterteilt: Sarten und Kirgisen.[26] Erstere, so hieß es, seien sesshaft, letztere führten ein Nomadenleben. Für beide Gruppen sahen die Behörden ein

---

einander auf. Diese künstliche Aufteilung in Nationen war für den Zarismus von Vorteil, da er eine jegliche selbständige nationale Entwicklung behinderte" (Kastel´skaja, Zinaida D., *Iz istorii Turkestanskogo kraja (1865-1917)*, M. 1980, S. 33). Eine ähnliche Auffassung zum Verhältnis von Macht und Wissen findet sich in einer Behauptung des westlichen Historikers Daniel Brower, der zur Politik des ersten turkestaner Generalgouverneurs Konstantin P. von Kaufmann schrieb: „Ethnizität sollte seiner Kolonialverwaltung eine Magd werden" (Brower, Daniel, *Turkestan and the Fate of the Russian Empire*, London/ New York (RoutledgeCurzon) 2003, S. 46).

[25] Zum Terminus „Fremdstämmige" [Anmerkung des Übersetzers: der russische Terminus ist „Inorodcy"], vgl.: Sokolovskij, Sergej V., *Obrazy drugich v rossijskoj nauke, politike i prave*, M. 2001, S. 41-82, 83-101; Slokum, Džon U., „Kto i kogda byli ‚inorodcami'? Évoljucija kategorii ‚čužie' v Rossijskoj imperii", in: *Rossijskaja imperija v zarubežnoj istoriografii*, M. 2005, S. 502-534.

[26] In meiner Arbeit verwende ich das Wort „Kirgise" in der Bedeutung (oder den Bedeutungen), in der es von der russischen und frühsowjetischen Geschichtsschreibung des 18.-19. und Beginn des 20. Jahrhunderts verwendet wurde. In den Fällen, in denen es unvermeidbar ist, werde ich vermerken, ob von Nomaden überhaupt, zeitgenössischen „Kasachen" oder zeitgenössischen „Kirgisen" [Qyrghyz] die Rede ist.

eigenes, besonderes System der Selbstverwaltung (Sel'skie Obščestva für die Sarten, Aule und Volosti für die Kirgisen) und eine eigene Gerichtsbarkeit (Qadi-Gerichte für die Sarten, Bey-Gerichte für die Kirgisen) vor. Für beide wurden eigene Herrschaftsstrukturen, Landnutzungssysteme und Besteuerungsverfahren installiert. Diese „ethnographische" Organisation der Kolonien besaß ein durch und durch rationales Fundament. Die Verwaltung der sesshaften und nomadischen Bevölkerung musste sich ja schließlich infolge der offensichtlichen Eigenarten, was die Lebensgewohnheiten im Hinblick auf das Wirtschaften anbelangt, unterscheiden. Diese Einteilung in Sarten und Kirgisen hatte neben dem rein technischen noch einen weit wichtigeren Aspekt. So glaubten die russischen Beamten nämlich, dass sie, indem sie auf diese Weise zwei Kategorien propagierten, zwei eigenständige Kulturräume geschaffen hätten. Im einen der beiden würde das Leben durch den Islam bestimmt, im anderen durch nicht-islamische Bräuche. Im ersten Fall wäre es das strategische Ziel des Reiches, für Stabilität zu sorgen und Loyalität angedeihen zu lassen. Im Zweiten ginge es darum, in unbestimmter Zukunft die Christianisierung und eine Assimilierung zu fördern.[27]
Sehr schnell wurde dann jedoch klar, dass ein auf Sprache und anthropologische Erscheinung gerichtetes, „ethnographisches Merkmal" selbst nicht immer mit den ökonomischen Realitäten und religiösen Vorlieben übereinstimmt. So konnten sich u.a. Kirgisen im Ackerbau betätigen, woraufhin sie das Gesetz mit einer „Zeltabgabe", jedoch nicht mit Bodennutzungssteuer belege. Nichts deutete auf die Bereitschaft der kirgisischen Untertanen hin, einfach ihren muslimischen Glauben aufzugeben.
In der 1886 erlassenen Verfügung über die Verwaltung des Turkestanischen Krajs kamen „Sarten" und „Kirgisen" nicht mehr vor. Anstelle dessen wurden sie allgemeiner als „sesshafte, eingeborene Bevölkerung" und „nomadische Bevölkerung" definiert. Die Einteilung in Sarten und Kirgisen war nun nicht mehr amtlich. Unterdessen setzten sich diese beiden Termini dauerhaft im Wortschatz der russischen Beamten fest. Diese verspürten offenbar nicht gerade den Wunsch, die ethnographischen Feinheiten der einheimischen Bevölkerung tiefer zu ergründen. Alle diejenigen, die sesshaft waren, Ackerbau und Handwerk trieben, waren Sarten. Alle diejenigen, die nomadisierten, waren Kirgisen. Dieses simple Schema erfasste die grundlegenden Wesenszüge der mittel-

---

[27] Was die Islampolitik des Russischen Reiches angeht, so werde ich nicht ins Detail gehen. Das wäre Gegenstand einer eigenen Untersuchung. Genaueres dazu, vgl.: Arapov, Dmitrij Ju., *Sistema gosudarstvennogo regulirovanija islama v rossijskoj imperii (poslednjaja tret' XVIII - načalo XX vv.)*, M. 2004.

asiatischen Bevölkerung mehr oder weniger genau und entsprach der Neigung von Gelehrten und Beamten, ein Bild von der sie umgebenden Welt mit Hilfe eines binären Modells zu zeichnen.[28] Die Halboffizialität brachte dem Terminus „Sarte" eine mehr oder weniger offenbare Einfärbung imperialer Geringschätzung der eroberten und unterworfenen Bevölkerung gegenüber ein. Die literarische und visuelle Erscheinung des „Sarten" wurde von den Einwohnern des Reiches nicht selten mit Rückständigkeit, Unterentwicklung, „orientalischen" Wesenszügen und Verhaltensweisen und Exotik assoziiert. Diese Stereotypen wurden oft durch Memoiren von Beamten, Reiseberichte und sogar durch für sich Wissenschaftlichkeit beanspruchenden Forschungen weiter genährt und tradiert. Jedoch wäre es falsch, einem jeglichen Gebrauch des Wortes „Sarte" ein bewusstes Streben danach zu unterstellen, um die turkestanische Bevölkerung zu erniedrigen. Viele gebrauchten dieses Wort in einer neutralen Bedeutung und gaben nicht einmal Rechenschaft darüber ab, dass es auf die Überlegenheit einer Bevölkerungsgruppe auf eine andere verweise oder auch nur den Träger dieser Bezeichnung verletzen könne.[29] In der wissenschaftlichen Diskussion dominierte dafür umso mehr ein völlig nüchterner Gebrauch des Terminus „Sarte", und alle ernstzunehmenden Forscher bemühten sich um eine vollständige Rehabilitierung von dessen ehrenwerter Etymologie.

---

[28] Ein klein wenig vorgreifend sei gesagt, dass in frühsowjetischer Zeit immer noch ein ähnliches Schema das Denken der Forscher beherrschte. Der russische Beamte (ehemalige Gouverneur der Samarkander Oblast´) und recht fortschrittlich denkende Gelehrte Nil S. Lykošin betrachtete diese binäre Opposition unter dem Aspekt, ob sie für das Militärwesen tauglich sei. Nomaden taugten seiner Meinung nach in der Kavallerie, in Aufklärungstrupps, in der berittenen Artillerie und Feldartillerie, während die sesshafte Bevölkerung, darunter die Sarten, in den Einheiten zur Nachrichtenübermittlung, an den fest eingerichteten Wachen und Posten und in den Pionierabteilungen dienen konnten (Lykošin, Nil S., „Narodnosti Turkestana kak voennyj material", in: *Voennaja mysl', Kn.1*, sentjabr´ 1920, S. 38-46).

[29] In diesem Zusammenhang sei noch einmal vorgegriffen und an die interessante Episode während einer Sitzung der 4. Geheimberatungen des ZK der RKP (b) im Jahre 1923 erinnert, wo die Frage der nationalen Peripherie erörtert wurde. L. Trotzki sprach auf gewohnte Weise von den Sarten, wurde aber korrigiert, woraufhin er folgende Erklärung abgab: „Ich verwendete in meiner Rede aus Unwissenheit das Wort Sarte anstatt Usbeke, da ich nicht wusste, dass das Wort Sarte als erniedrigend gilt. Ich bitte darum, dies in den Protokollen zu verbessern. Trotzki" (*Tajny nacional´noj politiki CK RKP. Stenografičeskij otčet sekretnogo IV Sovetšanija CK RKP. 1923 g.*, M. 1992, S. 17).

Die Sarten als Tadschiken

Wenden wir uns also nun der wissenschaftlichen Debatte zu. Auf dem 1876 in Sankt Petersburg stattfindenden dritten internationalen Orientalistenkongress fand sich folgendes zur Diskussion stehendes Thema:

> Soweit man in historischen Quellen die Volksnamen Sarte und Tadschike auch zurückzuverfolgen vermag: Welche Schlüsse lassen sich aus dem, was diese Denkmäler über die ersten und die darauf folgenden Bedeutungen dieser Namen aussagen, ziehen?[30]

Die damals von den Orientalisten formulierte Fragestellung weist in die Richtung, in der die Wissenschaft zunächst die Lösung für die „Sartenproblematik" suchte. Mitte des 19. Jahrhunderts herrschte bei der Mehrheit der Mittelasienspezialisten Einigkeit darüber, dass die Sarten Tadschiken oder wenigstens eine diesen verwandte Narodnost´ seien, da sowohl diese als auch jene äußerlich nicht zu unterscheiden gewesen seien und die gleiche Lebensweise gehabt hätten.[31] Mittelalterliche Quellen hätten schon die iranophone Volksgruppe als Sarten bezeichnet.[32] Zugleich war diese These jedoch wegen der Turksprache, welche die Mehrheit der damaligen Sarten sprach, nicht sofort in Gänze nachvollziehbar. Daher war man gezwungen, die Merkmale zu diskutieren, welche die Sarten und Tadschiken in die Nähe von einander rückten. Auf Seiten derer, die diese Auffassung stützten, fanden sich einflussreiche europäische Forscher, deren Werke in russischer Übersetzung vorlagen. Der

---

[30] „Tretij meždunarodnyj kongress orientalistov v Sankt-Peterburge", in: *Izvestija imperatorskogo russkogo geografičeskogo obščestva (dalee IRGO), T.12, Vyp. 4*, SPb. 1876, S. 26.

[31] Auf einer 1879 in Moskau organisierten ethnologischen Ausstellung waren die „Sarten" als eigenständige Narodnost´ nicht vertreten. In einer von Forschern aus Samarkand und dem turkestanischen Generalgouverneur Konstantin P. von Kaufmann präsentierten Fotosammlung waren die „Tadschiken" und „Usbeken" die wichtigsten Narodnosti (*Antropologičeskaja vystavka 1879 goda, T.3, Čast´ 1, Fotografičeskij otdel*, M. 1879, S. 3). Unter den Modellpuppen wurden auf der Ausstellung „Turkestanskie plemena" auch die Figuren „eines Tadschiken (Sarten), eines reichen Kaufmanns" und „einer Tadschikin (reichen Sartin)" präsentiert (*Antropologičeskaja vystavka 1879 goda, T.3, Čast´ 1, Otdel manekenov, bjustov i masok*, M. 1879, S. 3).

[32] Vgl.: Babur, *Babur-name. Zapiski Babura*, Per. M. Sal´e, Taškent 1993, S. 30f. Die erste Ausgabe von *Babur-name* erschien auf Russisch im Jahre 1857.

englische Reisende Alexander Burnes, der in den 1830er Jahren in Mittelasien war, schrieb, Tadschiken und Sarten seien ein und dasselbe.³³ Auch der bekannte Gelehrte des Königreichs Österreich-Ungarn Ármin Vámbéry, der Buchara in Verkleidung eines Muslims besuchte, schreibt in seinem Buch:

> Das Wort Sarte kann man grundsätzlich als die türkische Bezeichnung für Tadschike ansehen. In der Tat machen jedoch die Usbeken manchmal einen Unterschied zwischen Sarten und Tadschiken. Unter Tadschiken verstehen sie diejenigen, die erst in jüngerer Zeit inmitten von Usbeken sesshaft geworden sind und ihren iranischen Dialekt vollständig bewahrt haben: in erster Linie also Leute aus Buchara. Unter Sarten verstehen sie diejenigen, die schon lange sesshaft sind und größtenteils ihre Muttersprache gegen eine Turksprache eingetauscht haben, wie man am Beispiel von ganz Chiwa und dem nördlichen Teil Kokands sieht.³⁴

Des Problems, welches Vámbéry hier ausgemacht hatte, wurden sich auch die russischen Forscher bewusst. Im Aufsatz *Sarty, ili Tadžiki, glavnoe osedloe naselenie Turkestanskoj oblasti* [Die Sarten oder Tadschiken stellen die Mehrheit der sesshaften Bevölkerung des Turkestanischen Oblast] (1867) schrieb der turkestanische Militärbeamte Ju. D. Južakov mit Blick auf alle mittelasiatischen Städte, dass hier „Sarten oder Tadschiken" wohnen würden.³⁵ Weiterhin sprach er

---

³³ Burnes, Alexander, *Travels into Bokhar; Being the Account of a Journey from India to Cabool, Tatary, and Persia; Also a Narrative of a Voyage on the Indus, from the Sea to Lahore, with Presents from the King of Great Britain; Performed under the Orders of the Supreme Government of India, in the Years 1831, 1832, and 1833. By Lieut. Alexander Burnes, F.R.S. of the East India Company's Service; as Political Resident in Cutch, and Late on a Mission to the Cour of Lahore, Vol. III*, London 1834 [Anmerkung des Übersetzers: Abašin hat mit einer russischen Übersetzung gearbeitet: Borns, Aleksandr, *Putešestvie v Bucharu. Rasskaz o plavanii po Indu ot morja do Lagora s podarkami velikobritanskogo korolja i otčet o putešestvii iz Indii v Kabul, Tatariju i Persiju, predprinjatom po predpisaniju vyššego pravitel'stva Indii v 1831,1832 i 1833 godach lejtenantom Ost-Indskoj kompanejskoj služby Aleksandrom Bornsom, členom korolevskogo obščestva, Čast' 3*, L. 1849, S. 370].

³⁴ Vámbéry, Ármin, *Skizzen aus Mittelasien: Ergänzungen zu meiner Reise in Mittelasien*, Leipzig 1868. [Anmerkungen des Übersetzers: Abašin verwendet die russische Übersetzung: Vamberi, Armin, *Očerki Srednej Azii*, M. 1868, S. 322].

³⁵ Južakov, Ju.D., „Sarty ili tadžiki, glavnoe osedloe naselenie Turkestanskoj oblasti", in: *Otečestvennye zapiski, Knižka Vtoraja, Nr.13 (ijul')*, SPb. 1867, S. 398.

von der Uneinigkeit im Umgang mit dem Begriff „Sarten" und hinsichtlich der Bestimmung von deren „Stammes"zugehörigkeit. Er brachte die Ansicht vor, der zufolge Sarten und Tadschiken „nicht ein und derselbe Stamm, sondern zwei eigenständige Stämme sind." Diejenigen, die persisch sprächen, seien Tadschiken und diejenigen, die ein „Gemisch aus Turksprache und Persisch" sprechen, seien Sarten. In Übereinstimmung mit dieser Beobachtung vertrat Južakov die Meinung, dass diese Beobachtung nicht „als Grundlage dafür dienen kann, dass Sarten und Tadschiken nicht ein und derselbe Stamm sind."[36] Južakov berief sich darauf, dass die Sarten in der Vergangenheit ebenfalls persisch gesprochen hätten. Außerdem ähnelten sie sich „sowohl ihrem Gesichtstyp nach, als auch in Charakter und Lebensweise."[37]

Es liegt auf der Hand, aus der Sicht Južakovs der Frage, welche Sprache die Sarten sprächen, keine entscheidende Bedeutung zukommen zu lassen. Vámbéry folgend erkannte er, dass ihr Dialekt ein türkischer war. Jedoch sah er darin kein grundlegendes, charakteristisches Merkmal. Wesentlich essentieller war für ihn wiederum die Tatsache, dass Tadschiken und Sarten eine sesshafte Lebensform hätten und sich anthropologisch ähneln.

Mehr als die Sprache trieb den russischen Forscher die Frage um, über welche psychologischen Züge die Sarten verfügten und wie diese Züge entstanden. Južakov begann seinen Artikel in den *Otečestvennye zapiski* [Vaterländische Aufzeichnungen] mit den Worten:

> Die Überlieferung sagt, dass die Sarten von den Džuguten (Juden), Persern und noch einem anderen Volk, den Mog,[38] abstammten, welches vollständig verschwunden ist. Wer jedoch etwas mit den Sarten vertraut ist, der ist auch bereit zu glauben, dass sie tatsächlich von den Juden abstammen. In ihrer furchtbaren Gier nach Geld und ihrem Geiz übertreffen sie noch die Juden. In ihrer Art, durch den Ton, mit dem sie sich unterhalten, mit der Feigheit, mit der Armut an Interessen und dem völligen Fehlen politischen Taktgefühls, sind sie durch und durch Juden.[39]

---

[36] Ebd., S. 399.

[37] Ebd., S. 400.

[38] Die Mog oder Mug sind ein mythisches Volk, das Mittelasien vor dem Einfall der Araber bevölkerte.

[39] Južakov, Ju.D., „Sarty ili tadžiki, glavnoe osedloe naselenie Turkestanskoj oblasti", in: *Otečestvennye zapiski, Knižka Vtoraja, Nr.13 (ijul')*, SPb. 1867, S. 398f.

Derartig negative und beliebige Charakteristika zum sartischen Wesen tauchten mit beneidenswerter Beharrlichkeit in der russischen Literatur immer wieder auf. Sie zeichneten von dem unterworfenen Volk ein unvorteilhaftes Bild und stellten es in das Licht der Erniedrigung und Bevormundung. An dieser Stelle möchte ich kurz das Augenmerk auf den angestellten Vergleich von Sarten und Juden richten. Južakov, der als Nichtfachmann über die Sarten schrieb, fehlten offensichtlich die wissenschaftlichen Mittel, um seinen Beobachtungen die nötige Autorität zu verleihen. Er löste diese Aufgabe und gab seinem Unternehmen eine ausreichende Schlagkraft, indem er die Übertragung derjenigen Stereotypen, die für einen „Stamm" verwendet werden können, von einem schon voll ausgeprägten Bild (diese Rolle übernahmen in der Beweisführung die Juden) hin zu einem anderen, weniger offensichtlicheren betrieb.

Über die Sarten wie auch über die Tadschiken schrieb Mitte des 19. Jahrhunderts ein anderer Militär und zugleich Amateurgelehrter: A.P. Chorošin. Dieser behauptete beispielsweise, die Bewohner Taschkents seien in der „Mehrheit Tadschiken gewesen", die „ihre ursprüngliche Sprache verloren haben."[40] Wie Južakov, so sah auch Chorošin weniger die Sprache, als vielmehr die Lebensform (sesshaft) und psychologische Charakteristika als bezeichnendes „Stammes"merkmal an. In seinem Fachartikel *Narody Srednej Azii* [Die Völker Zentralasiens] (1874) schrieb er ohne erkennbare wissenschaftlichen Ziele zu verfolgen:

> Die Bevölkerung des Turkestanischen Krajs [...] teilt sich auf jene zwei Narodnosti auf, welche wir derzeit in Samarkand und Umgebung finden. Dies sind im Einzelnen: 1) sesshafte Tadschiken [...], 2) die davon vollständig unabhängige, halbnomadische usbekische Narodnost', die ihrerseits ebenfalls einen großen Einfluss auf die Tadschiken hatte, indem sie einen Teil von ihnen zu Sarten, dem sesshaften Volk tadschikischen Ursprungs, aber mit usbekischer Sprache, gemacht hat.[41]

Im Weiteren versuchte er die Usbeken von den Tadschiken abzugrenzen. Er verweist jedoch selbst darauf, die Unterscheidungsmerkmale seien in Wirklichkeit sehr relativ und nur schwer auseinanderzuhalten:

---

[40] *Sbornik statej kasajuščichsja do Turkestanskogo kraja A.P. Chorošina*, SPb. 1876, S. 226.
[41] Chorošin, Aleksandr, „Narody Srednej Azii", in: *Materialy dlja statistiki Turkestanskogo kraja (dalee MSTK), Vyp. 3*, SPb. 1874, S. 314.

> Um die hiesigen Narodnosti richtig zu scheiden, braucht man ein trainiertes Auge und der Philologe darüber hinaus noch ein feines Gehör, weil sowohl der Usbeke gut tadschikisch spricht, als auch der tadschikische Städter oder ein Tadschike aus den nahen bergigen Hanglagen in den meisten Fällen das Usbekische ausgezeichnet beherrscht.[42]

Ein weiterer Autor und wiederum ein turkestanischer Militär, A. D. Grebenkin, hatte unter Verwendung von Quellen aus Samarkand und Seravschan, zwei Skizzen in der für jene Zeit höchst typischen polarisierenden Art verfasst: *Tadžiki* [Die Tadschiken] und *Uzbeki* [Die Usbeken] (1872).[43] Grebenkin verortet die Sarten eindeutig bei den Tadschiken:

> Die Tadschiken haben im Gebiet von Seravschan drei Bezeichnungen: allgemein – ‚Tadschike', speziell für die aus Merv gebürtigen – ‚Tad' und als Schimpfwort – ‚Sarte'.[44]

---

[42] Ebd., S. 320. Eine solche Form von „Anomalie" fand Choroschin beispielsweise in einigen Qišlaks am Nordhang der Berge von Nurata vor, deren Bewohner tadschikisch sprachen, sich selbst aber Usbeken nannten (Choroschin, Aleksandr, „Po severnomu sklonu Nuratinskich gor (iz pochodnogo dnevnika)", in: *Turkestanskie vedomosti (dalee TV)*, Nr.24, 19 ijunja 1872). Apropos, beinahe alle Forscher jener Zeit bemerkten, dass die tatsächliche Sachlage – das Verhältnis von Sprache, anthropologischem Aussehen und Selbstbezeichnung – nicht vollständig mit den herrschenden Vorstellungen übereinstimmt. So merkte Nikolaj A. Maev bei einer Beschreibung des Krajs von Hissar und des Beyliks von Kuljab aus dem Jahre 1876 an, dass sich in den Städten „die Usbeken mit den Tadschiken so vermischt haben, dass es entschieden nicht möglich ist, eine klare Linie zwischen den beiden zu ziehen" (Maev, Nikolaj, „Geografičeskij očerk Gissarskogo kraja i Kuljabskogo bekstva", in: *Isvestija IRGO*, T.12, Vyp..4, SPb. 1876, S. 358).

[43] Grebenkin, A.D., „Uzbeki", in: *Russkij Turkestan. Sbornik izdannyj po povodu politechničeskoj vystavki, Vyp.2*, M. 1872; Grebenkin, A.D., „Tadžiki", in: *Russkij Turkestan. Sbornik izdannyj po povodu politechničeskoj vystavki, Vyp. 2*, M. 1872. Die Skizzen Grebenkins erlangten einen hohen Grad an Bekanntheit und erfreuten sich in den 1870-1880er Jahren großer Erfolge. Sie kamen bspw. in sich großer Beliebtheit erfreuender Veröffentlichungen zum Einsatz: „Sredneaziatskie narody. Tadžiki", in: *Priroda i ljudi*, SPb. Nojabr´ 1880; „Sredneaziatskie narody. Uzbeki", in: *Priroda i ljudi*, SPb. Dekabr´ 1880.

[44] Grebenkin, A.D., „Tadžiki", in: *Russkij Turkestan. Sbornik izdannyj po povodu politechničeskoj vystavki, Vyp. 2*, M. 1872. S. 1.

Seinen Äußerungen zufolge würden selbst die Usbeken sagen:

> einen Tadschiken nennen wir Tadschike, wenn wir mit ihm essen, und Sarte, wenn wir ihn beschimpfen.[45]

Im Übrigen nimmt sich die Schilderung Grebenkins bei genauerer Lesung recht widersprüchlich aus. So sagte er beispielsweise von den Tadschiken, dass sie „zweien, höchst charakteristischen Gruppen zugerechnet werden können":

> In dem einem von ihnen überwiegt [!! – S. A.] usbekisches Blut, im anderen das Blut der übrigen mittelasiatischen Narodnosti. Außerdem unterscheidet sich die eine Gruppe von der anderen in Sprache und Wohnort, d.h. die erste Gruppe lebt vorwiegend in Dörfern und spricht usbekisch, die zweite siedelt überwiegend in Städten und spricht vorwiegend einen persischen Dialekt.[46]

Tadschiken mit „vorherrschend" usbekischem „Blut" sind zumindest recht zweifelhafte Tadschiken. Und Usbeken, von denen ein Teil „das Blut verschiedener Völker Mittelasiens in sich trägt" erscheint in der Beschreibung nicht als eine Gruppe mit gleichem Hintergrund. „Uns sind Beispiele bekannt", schrieb Grebenkin, „wo man einen Usbeken eher für einen Tadschiken hätte halten können, als für einen Usbeken."[47]

Aus der Reihe derer, die die Sarten mit den Tadschiken zusammenwarfen, sticht besonders der Militärbeamte L. N. Sobolev heraus. In seiner Arbeit *Geografičeskie i statističeskie svedenija o Zeravšanskom okruge* [Geographische und statistische Daten zum Okrug von Seravschan] (1874) schreibt er:

> Der Usbeke ist und bleibt Usbeke. Nur in den Städten, in welchen die tadschikische Bevölkerung dominiert, verändert er sich ein wenig und wird zum Sarten.[48]

---

[45] Ebd., S. 2.
[46] Ebd., S. 6.
[47] Ebd., S. 54.
[48] Sobolev, Leonid N., „Geografičeskie i statističeskie svedenija o Zeravšanskom okruge", in: *Zapiski IRGO po otdeleniju statistiki*, T.4, SPb. 1874, S. 298f.

Diese Worte lassen sich in dem Sinne verstehen, dass Sobolev die Sarten eher für Usbeken denn für Tadschiken hielt. Übrigens vermerkt der Verfasser diesbezüglich in einer Anmerkung:

> Die Sarten sind kein besonderer Stamm, wie viele zu beweisen versuchten. Als Sarten werden unterschiedslos Usbeken und Tadschiken bezeichnet, die in der Stadt leben und Handel treiben. Es handelt sich um eine Art Kleinbürgertum [!! – S. A.], einen feudalen Stand, aber keinen Stamm.[49]

Die Sarten als sesshafte Bevölkerung

Der Name „Sarte" verwirre die Forscher wegen seiner Unbestimmtheit. Diese Maxime wurde von vielen Vertretern der russischen Wissenschaft gestützt. Sie verwiesen auch auf den Umstand, dass mit diesem Terminus oft die Lebensgewohnheiten betreffenden Besonderheiten der sesshaften Bevölkerung allgemein, weniger die Merkmale eines eigenständigen „Stammes" gemeint seien.[50]

Im Jahre 1869 schreibt der dem Naturalismus zuzurechnende Gelehrte A. P. Fedčenko in seinem Bericht über die Arbeit im Seravschantal: Die Bevölkerung der Region

> ist überwiegend sesshaft und besteht aus zwei Elementen: aus einem turkrassigen und einem iranischrassigen Stamm [...]. Ich wende mich nun dem zentralen Element der Bevölkerung zu. Die Tadschiken, die zur iranischen Rasse gehören, sind die

---

[49] Ebd., S. 299 (Anm. 1).

[50] Wir vergessen häufig die mündliche Diskussion zu dieser Angelegenheit, die in den Sitzungen verschiedener wissenschaftlicher Gesellschaften sowohl in den Hauptstädten, als auch in Turkestan selbst geführt wurde. Zeugnisse von diesen Erörterungen trifft man selten an. So wurden im Jahre 1870 auf der Sitzung der mittelasiatischen Gelehrtengesellschaft die Aufzeichnung Aleksandr V. Bunjakovskijs zur Besiedlung Mittelasiens besprochen. Dort kam auch eine Diskussion über die Sarten auf. In den Archiven fand sich ein Beleg dafür, dass A.L. Kun die Beweisführung antrat, dass die Meinung, es gäbe eine Narodnost' „Sarte", unhaltbar sei. Seiner Meinung nach handelt es sich um eine Schmähbezeichnung, die einen Händler bezeichne (Lunin, Boris V., *Naučnye obšestva Turkestana i ich progressivnaja dejatel'nost'. Konez XIX – načalo XX v.*, Taškent 1962, S. 75f.).

ersten Bewohner des Landes und haben bis jetzt ihren Typus gut bewahrt. Letzteres gilt insbesondere für die Bewohner der Bergtäler, die so genannten Bergtadschiken [...]. Die Bewohner der Täler vermischten sich demgegenüber mit den später an diesen Ort gekommenen Usbeken, einem turkstämmigen Volk, welches sich schroff von den Tadschiken durch sein äußerliches Erscheinungsbild unterscheidet. Die Usbeken unterwarfen die Tadschiken und machten sich der Bedeutung nach zum herrschenden Teil der Bevölkerung. Obwohl sie von den Tadschiken Religion und Lebensweise übernahmen, gaben sie diesen doch ihre Sprache, in die jedoch gleichzeitig viele iranische Elemente einflossen.[51]

Zwischen den beiden Extremen, dem iranischen und dem türkischen Typus, fände sich „eine große Menge an Mestizen verschiedensten Grades."[52] Nach Meinung Fedčenkos

besitzt das Wort Sarte, mit dem die Russen durchweg die lokale Bevölkerung bezeichnen, bei den Eingeborenen überhaupt keine politische, ethnographische oder anthropologische Bedeutung, sondern dient lediglich der Bezeichnung der Stadtbewohner und der Sesshaften im Allgemeinen.[53]

Der Militärgutachter des Generalstabs L. F. Kostenko, der selbst in Mittelasien gedient hat, vertrat eine ähnliche Position. In seinem Buch *Srednjaja Azija i vod-*

---

[51] Fedčenko, Aleksej P., „Pervyj otčet turkestanskoj učenoj ékspedicii", in: Ders., *Putešestvie v Turkestan*, M. 1950, S. 65.

[52] Ebd., S. 66.

[53] Ebd., S. 65f. Der Orientalist, Turkologe und zukünftige Akademiemitglied Vasilij V. Radlov, mochte den Terminus „Sarte" offenbar nicht sonderlich und vermied es, diesen zu benutzen. In der Tat kommentierte er sein Verhältnis zu diesem an keiner Stelle. Einzig in seiner Skizze „Naselenie Južnoj Sibiri i Dzungarii" (auf deutsch 1883 veröffentlicht) verbuchte Radlov die Sarten unter den „Tataren" Russischturkestans, die sich ihrem Typus nach „stark von der übrigen turkstämmigen Bevölkerung Mittelasiens unterscheiden und äußerlich den persischsprachigen Tadschiken sehr ähnlich sind" und „nichts anderes sind, als die turkisierten persischen Ureinwohner Turans" (Radlov, Vasilij V., *Iz Sibiri*, M., 1989, S. 102). Diese Feststellung würde an sich kaum Einwände hervorrufen, aber auch sie gibt keine Antwort auf die Frage, wo und in welcher ethnographischen Rubrik zur Klassifizierung man die Sarten zu verorten habe.

vorenie v nej russkoj graždanstvennosti [Mittelasien und die Einwurzelung eines russischen Staatsbewußtseins] aus dem Jahre 1871 unterteilte er die „wichtigsten Zweige der Bevölkerung Turans" in zwei Gruppen: die „iranischen Stämme" und die „Turkstämme".[54] Zu den ersteren zählt er die Tadschiken („Ureinwohner des Krajs"), deren persische Abstammung „erstens an den Gesichtszügen, und zweitens an der Sprache" zu bemerken sei. Zu letzteren zählte er die Usbeken.[55]

Kostenko hat sich absichtlich länger bei den Unterschieden zwischen Usbeken und Tadschiken aufgehalten und es mit der „Sartenfrage" in Beziehung gesetzt. Er hob hervor, dass

> ungeachtet der Vielfältigkeit der Stämme, die Mittelasien bevölkerten, die Unterschiede doch hauptsächlich durch die Lebensweise bedingt sind. So gesehen ist die Unterscheidung der Eingeborenen in Sesshafte und Nomaden für uns von größerer Bedeutung, als die Aufteilung in Stämme.[56]

Kostenko bemerkt zur Vermischung von Turkvölkern und Iranern:

> Bei dieser Vermischung haben sich Typus und Sprache am wenigsten verändert, weshalb sie bei der Unterscheidung von Stämmen als Leitfaden dienen können. Was die Lebensweise und den Charakter hingegen angeht, so treffen die entsprechenden Angaben in einem solchen Maße auf alle Teile der sesshaften Bevölkerung Mittelasiens zu, dass sie einzig Verwirrung stifteten und nach wie vor diejenigen, die sich für die Stämme Turkestans interessieren, narren.[57]

Genau letztgenannter Umstand führt aus Sicht des Verfassers dazu, dass „einige russische Beobachter" fälschlicherweise den Einwohnern Taschkents sowie aller Städte rechts des Flusses Syr-daria, die „Sarten" genannt werden, eine „iranische Herkunft" zuschreiben, wobei sie auf die Ähnlichkeit in der Lebensweise zwischen ihnen und den Tadschiken Samarkands und Bucharas

---

[54] Kostenko, Lev F., *Srednjaja Azija i vodvorenie v nej russkoj graždanstvennosti*, SPb. 1871, S. 45f.
[55] Ebd., S. 46, 47–51.
[56] Ebd., S. 54.
[57] Ebd., S. 78.

Bezug nehmen. Kostenko selbst kommt zu dem Schluss, das Wort „Sarte" sei nicht die lokale Bezeichnung für die Tadschiken.[58] Kostenko war überzeugt, dass Sarte ein Name für Städter und Händler, im Gegensatz zu Nomaden und sogar Ackerbauern, sei. Er bezog sich dabei auf die Selbstbezeichnung der Bevölkerung. In Chodschent

> antwortet ein von Ihnen befragter Einwohner auf die Frage, ob er Sarte oder Tadschike sei, dass er sowohl Sarte (seiner Lebensweise nach), als auch Tadschike (seinem Ursprung nach) sei.[59]

Die nördlich vom Syr Darja, beispielsweise in Taschkent, lebende einheimische Bevölkerung bestreitet, Tadschiken zu sein und ist selbst mit dem Namen Sarten nicht immer einverstanden, „sondern definiert sich einfach als taschkenlyk (d.h. Taschkenter)."[60] Freilich kann man in Taschkent auch Persisch sprechen, weil es in der Schule gelehrt wird, und

> die Mehrheit der Usbeken und Nichttadschiken haben persisch gelernt und können die Tadschiken folglich verstehen.[61]

Abschließend bemerkt er dazu noch:

> Überhaupt muss gesagt werden, dass der Unterschied zwischen den verschiedenen sesshaften Stämmen Mittelasiens weniger schroff ist, als zwischen sesshaften und nomadischen Stämmen. Das ist auch der Grund dafür, weshalb es zwischen städtischen Tadschiken und Usbeken mehr Gemeinsamkeiten gibt, als zwischen sesshaften und nomadischen Usbeken.[62]

Später, im Jahre 1880, versuchte Kostenko die einheimische Bevölkerung zu klassifizieren, indem er die anthropologischen und sprachlichen Merkmale miteinander kombinierte. In seinem Buch *Turkestanskij kraj* [Der Turkestanische Kraj] schreibt er, dass in Mittelasien zwei Rassen existieren: eine „kaukasische

---

[58] Ebd., S. 79.
[59] Ebd., S. 79.
[60] Ebd., S. 79f.
[61] Ebd., S. 80.
[62] Ebd., S. 80.

(weiße)" und eine „mongolische (gelbe)". Erstere zweigt sich in den „arischen (indoarischen)" Ast, in dem die Tadschiken aufgehen, und den „semitischen" Ast auf. Letztere habe einen „altaiischen (turko-tatarischen)" und einen „mongolischen" Zweig.[63] Außer diesen Narodnosti nennt Kostenko noch ein „Gemisch verschiedener Narodnosti", zu dem u.a. die Sarten gehören. Über die Sarten schreibt er, dass

> es sartische Stämme nicht gibt [...]. Als Sarten werden bezeichnet: 1. Tadschiken [...], 2. sesshafte Usbeken, Tataren, Kirgisen und verschiedene Narodnosti, die aus der ihnen gemeinsamen Vermischung hervorgegangen sind [...], 3. Tarantsch (die Tarantsch sind dem Wesen nach Sarten, die in den Siedlungen des Krajs von Kuldža beheimatet sind).[64]

Kostenko beschreibt Lebensgewohnheiten und Psychologie nur im Zusammenhang mit den Kirgisen und Sarten, d.h. den nomadischen und sesshaften Gruppen, so als hätten sich im Hinblick auf die Lebensweise alle mitgliedsstarken „Stämme" unter deren Dach zusammengefunden.[65]
Für die Erforschung und Erörterung der „*Sartenproblematik*" der 1870-1880er Jahre war eine gewisse Inkonsequenz und Widersprüchlichkeit in den Formulierungen kennzeichnend. Viele Verfasser schwankten zwischen den unterschiedlichen Auffassungen hin und her. Sie konnten sich nicht zu einer abschließenden Bewertung durchringen. Dieser Wesenzug kommt in der Skizzierung der mittelasiatischen Völkerschaften, wie sie sich in der populären Schriftenreihe von É. Reklju *Zemlja i ljudi. V seobščaja geografija* [Land und Leute. Eine allgemeine Geographie] (1883)[66] findet, besonders klar zum Ausdruck. Obwohl es sich um eine Kompilation handelt, war der Einfluss des Werkes auf die Entstehung einer Vorstellung dessen, was Mittelasien sei, bei einem breiten Leserkreis wesentlich bedeutender, als der Einfluss wirklicher Forschung, die

---

[63] Kostenko, Lev F., *Turkestanskij kraj. Opyt voenno-statističeskogo obozrenija Turkestanskogo voennogo okruga*, T.1, SPb. 1880, S. 352.

[64] Ebd., S. 352.

[65] Ebd., S. 338-351, 352-375.

[66] Reklju, Élise, *Zemlja i ljudi. V seobščaja geografija*. T.6. *Aziatskaja Rossija i sredneaziatskie chanstva*, SPb. 1883, S. 327-346.

nur einem kleinen Kreis von Fachleuten zugänglich war. Aus diesem Grund nehmen wir die dort entworfene Skizzierung etwas genauer in den Blick.[67] Reklju teilt die einheimische Bevölkerung in zwei Rassen: die „turanische" und die „arische". Zur ersteren zählt er die „Usbekische Nation", wobei er hervorhebt, dass „der Name Usbeke, als Name der herrschenden Klasse, ein Ehrentitel für jeden ist. Daher vergrößerte sich deren Nacional´nost´ dank eines großen Anteils an Menschen vermischten Blutes", und dies in erster Linie auf Kosten des „iranischen Elements".[68] Er betont in besonderem Maße den Unterschied zwischen Usbeken und „Iranern" (Tadschiken): Die Usbeken seien „einfacher" und „redlicher". Sie machten das „aufrichtigste und leidenschaftlichste Element" in Mittelasien aus; „der elegante und graziöse Tadschike ist leicht auf den ersten Blick vom plumpen, ungeschickten Usbeken zu unterscheiden."[69] Über die Sarten schreibt Reklju, sie bilden eine gemischte Rasse, wie die Usbeken auch. Anders als bei diesen überwiege jedoch das iranische Element. Dieser Name werde übrigens häufig anstelle zur Bezeichnung einer bestimmten Nacional´nost´, zur Bezeichnung einer Klasse gebraucht, die sich in Art der Betätigung und in ihren Rechten unterscheide.[70] Man könne die ganze „Zivilbevölkerung" Turkestans einschließlich der Tadschiken, Usbeken und Kirgisen, die dem Nomadenleben entsagt haben, und sogar die Mazang-Zigeuner (Sesshafte – im Unterschied zu den nomadenhaften Luli-Zigeunern), und auch die „Kurama", d.h. „Leute jeglicher Art von Abstammung und tribaler Zugehörigkeit", die in den Städten vorgelagerten Dörfern und um die Städte herum siedelten, als Sarten bezeichnen. Die Sarten, so nahm Reklju an, würden schneller als andere Narodnosti wachsen und „dieses Volk oder diese Klasse habe ganz gewiss Zukunft."[71] Dabei meint Reklju eine „immer stärker werdende" Annährung zwischen Sarten und Usbeken, und gerade nicht zwischen Sarten und Tadschiken, und „vielerorts" ein Zusammenfließen der beiden zu „einer Nation" zu erblicken.[72]

---

[67] Die Haltung Rekljus wurde bei Nikolaj P. Ostroumov aufgegriffen und auf eine Ebene mit den Auffassungen bekannter Wissenschaftler gehoben (Vgl. auch: Ostroumov, Nikolaj P., *Turkestan. Sostavili oficery staršego kursa Nikolaevskoj General´nogo štaba po lekcijam adjunkt-professora M. Litvinova v 1882-1883 g.*, SPb. 1883, S. 15f.).

[68] Ebd., S. 341.

[69] Ebd., S. 345.

[70] Ebd., S. 343.

[71] Ebd., S. 344.

[72] Ebd., S. 343.

Reklju vertrat somit eine ausgesprochen zwiespältige Position: Zunächst waren die Sarten bei ihm eine „*Klasse*", dann ein eigenes „*Volk*". Wenig später geht er davon aus, dass der „iranische Anteil" in ihnen dominiere, und ein anderes Mal behauptete er, sie würden sich den Usbeken annähern. Schlussendlich blieb auch er eine Lösung des Problems schuldig.

Nalivkin versus Middendorf

Die Meinung, Sarten und Tadschiken seien verwandt, wurde nicht von allen Forschern einmütig angenommen. Unter den Spezialisten gab es solche, die diese Schlussfolgerung anfochten. Die in dieser Frage herrschenden Meinungsverschiedenheiten wurden in ganzer Härte ausgetragen.

Nach seiner Ankunft im Ferghanatal 1877 schrieb das Akademiemitglied A. F. Middendorf, in seinem Buch *Očerki Ferganskoj doliny* [Skizzen vom Ferghanatal] (1882) von „zwei einander entgegen gesetzten Menschentypen": einem „iranischen" und einem „mongolischen". An anderer Stelle betont er, ein „Gemisch verschiedenster Arten" herrsche vor.[73] Darüber hinausgehen betont er aber, die Termini „Tadschike" und „Sarte" können „wie Synonyme" verwendet werden:

> Die Ackerbauern bezeichneten sich größtenteils als Tadschiken, während die Städter, die sich hauptsächlich in anderen Gewerben betätigten [...] die Bezeichnung Sarten trugen. Aber da man den Städter, weil die Beschäftigung sich nicht streng von der des Ackerbauers abgrenzen lässt, für vornehmer als einen Bauer hält, gehen Dorf und Stadt ineinander über, so dass sich der Tadschike nicht selten im Gespräch mit einem Europäer selbst einen Sarten nennt.[74]

Wie Middendorf beobachtete, breitete sich das Wort, welches als Bezeichnung sowohl für die städtische als auch ländliche Bevölkerung des Ferghanatals diente, stark aus. Die Bezeichnung „Tadschike" wurde nur noch als ethnographisches Synonym für die „Iraner Turkestans", d.h. die Gebirgsiraner verwendet.[75]

---

[73] Middendorf, Aleksandr F., *Očerki Ferganskoj doliny*, SPb. 1882, S. 368.

[74] Ebd., S. 395.

[75] Ebd., S. 395.

Der ethnographische Teil des Buches von Middendorf ist in Form eines Dialogs mit einem Buch des französisch-ungarischen Gelehrten Ujfalvi verfasst, der das Ferghanatal ein Jahr früher besucht und seine Forschungen auf Französisch veröffentlicht hatte. In der Schriftenreihe *Expédition scientifique Française en Russie, en Sibérie et dans le Turkestan* veröffentlichte Ujfalvi u.a. den *Atlas anthropologique des peuples du Ferghanah* (1879), in dem er elf einheimische Völker („peuple") aufzählte.[76] Eines von ihnen sind die Sarten. Der Meinung Ujfalvis zufolge seien sie Usbeken, die ihrer Art nach Iraner geworden wären, jedoch ihre Sprache beibehalten und sich mit den Ureinwohnern vermischt hätten. Manchmal fasse dieser Begriff auch die iranischen Urbewohner, die sich mit den Eroberern vermischten und deren Sprache angenommen hätten. Indem er auf diese Weise von den Usbeken spricht, hob er hervor, dass diese zu Sarten geworden seien.[77] In seinem Buch *Le Kohistan, le Ferghanah [et] Kouldja* (1878) fügte Ujfalvi an, dass

> sich mit Ausnahme der Tadschiken die gesamte sesshafte und städtische Bevölkerung in Turkestan ihrer Herkunft ungeachtet als Sarten bezeichnet [...]; der Terminus Sarte ist somit kein ethnischer Terminus. Indessen bezeichnet das Wort Sarte im Ferghanatal eine aus Vermischung hervorgegangene Rasse, [die] einige charakteristische Besonderheiten aufweist.

Die Usbeken unterscheiden sich von den Sarten „physisch" kaum (jedoch sei der Charakter „redlicher und freiheitsliebender"). Ujfalvi meint, dass, wenn die Russen die Macht übernähmen, „alle Usbeken des Ferghanatals zu Sarten werden."[78] Mit anderen Worten: Der französisch-ungarische Experte siedelte die Usbeken, und nicht die Tadschiken, näher als alle anderen bei den Sarten an. Middendorf bestritt kategorisch die Meinung Ujfalvis, die Sarten und Tadschiken seien unterschiedliche Völker mit unterschiedlichen Sprachen und äußerlichen Unterschieden. Middendorf erkannte zwar, dass die „türkische

---

[76] Die Tadschiken, Sarten, Usbeken, Karakalpaken, Kiptschaken, Kaschgarer, Turuk (Türk), Kurama, Karakirgisen, Luli-Zigeuner und Mazang-Zigeuner, Juden.

[77] Ujfalvy, Károly Jenő, *Expédition scientifique Française en Russie, en Sibérie et dans le Turkestan. Atlas anthropologique des peuples du Ferghanah*, Paris 1879, S. 7-10.

[78] Ujfalvy, Károly Jenő, *Expédition scientifique Française en Russie, en Sibérie et dans le Turkestan. Le Kohistan, le Ferghanah [et] Kouldja avec un appendice sur la Kachgarie*, Paris 1878, S. 60-71.

Sprache" sich schon zur „beherrschenden erhoben hatte."[79] Aber die Sprache ist, wie sich in seinen Ausführungen zeigt, kein Merkmal, das zur Bestimmung von Narodnost' herangezogen werden könne. Middendorf hob vor allem die anthropologische Ähnlichkeit dieser beiden Gruppierungen hervor und betonte, wie nah sich deren Lebensweisen seien. Aus seiner Sicht sind die Tadschiken ein „uriranischer Typus" und keine „gemischte Volksgruppe"[80] (insbesondere eine besondere Gruppe von Tadschiken, die Galtscha (Gebirgstadschiken), „der reinste Typus altiranischer Ureinwohner")[81]. Was die Sarten anbelangt, so sind sie „in ethnographischer Hinsicht" „eine Mischung (größtenteils dem tadschikischen Typus nahe) mongolischen und besonders usbekischen Blutes."[82] Middendorf merkte an, auch einfach nur „Sesshafter" (darunter

---

[79] Middendorf, Aleksandr F., *Očerki Ferganskoj doliny*, SPb. 1882, S. 403f. Im Jahre 1881 schrieb ein anderer Forscher, D.L. Ivanov, die dem Fergana gewidmeten Teile des Buches des oben erwähnten Ujfal'vi rezensierend und dessen Worte darüber, dass ein Sarte nur türkisch spräche und persisch nicht verstehe, wiedergebend: „Es ist schwer, einen Sarten zu finden, der nicht einwandfrei tadschikisch sprechen würde. Die Handels- und Gewerbebeziehungen der Sarten verlangen von ihnen, beide Sprachen zu beherrschen, und die vermischte Zusammensetzung der städtischen Bevölkerung ist dabei von ungemeinem Nutzen. Hilfreich ist auch, dass der Tadschike nur ungern Turkdialekte erlernt und viele von ihnen nicht anders, als in ihrer eigenen Sprache zu sprechen vermögen, d.h. in der persischen Mundart" (Ivanov, D., „Bibliografičeskie zametki Expédition scientifique française en Russie, en Sibérie et dans le Turkestan. I v. le Kohistan, le Ferghanah et Kouldja; II v. Le Syr-darya, le Zerafchane, le pays des Sept-rivières et la Sibérie-occidentale, par Ch.E. de Ujfalvy de Mezo-Kovesd. 1878-1879", in: *TV, Nr. 11*, 17 marta 1881).

[80] Ebd., S. 398.

[81] Ebd., S. 397. Wie schon Ujfal'vi, so beschäftigten nun auch Middendorf ganz besonders die Mitteilungen über die „blonden" Galtscha, worin die damaligen Gelehrten ein Anzeichen für „Ariertum" sahen (ebd., S. 397f). Zur Bedeutung von „Ariertheorien" in den Forschungen westlicher und russischer Orientalisten des 19. Jahrhunderts, vgl.: Larjuėl', Marlen, „Umozritel'naja Zentral'naja Azija: Poiski prarodiny arijcev v Rossii i na Zapade", in: *Vestnik Evrazii, Nr. 4 (23)*, 2003, S. 155-165 [Anmerkung des Übersetzers: Es handelt sich bei dem russischen Text um eine Übersetzung aus dem Französischen: Laruelle, Marlène: „L'imaginaire russe et occidental sur l'Asie centrale: la recherche du berceau des premiers Aryens"].

[82] Ebd., S. 409. Im Jahre 1891 erschien die Arbeit von V.I. Kušelevskij „Materialy dlja medicinskoj geografii i sanitarnogo opisanija Ferganskoj oblasti" (Kušelevskij, V.I., *Materialy dlja medicinskoj geografii i sanitarnogo opisanija Ferganskoj oblasti*, T.2, Novyj Magelan, 1891, S. 120). Seinem Auge blieben die Sarten nicht verborgen. Er nannte sie eine „interessante Narodnost'". Sein Schluss war folgender: „Im Grunde genommen bilden

fallen die sesshaften Usbeken oder Kirgisen, ‚ohne Vermischung der Rassen!') könne mit dem Wort „Sarte" gemeint sein. Und aus diesem Grund sei

> die Bezeichnung Sarte eine unglückliche, die leicht zu Missverständnissen führen kann. Es sollte daher die Konsequenz gezogen werden, sie aus dem ethnographischen Wortschatz zu streichen.[83]

Über die Usbeken schrieb Middendorf wie über ein „vermischtes Volk". Er stritt jedoch die Existenz von „Usbeken tadschikischen Typs" ab, obwohl er einräumte, die Usbeken hätten sich mit den Iranern vermischt und seien zu Sarten geworden.

> Ob man bei den Sarten zwischen usbekischen und kirgisischen Sarten unterscheiden kann, haben zukünftige Wissenschaftler zu entscheiden. Die kiptschakischen Sarten, die ich zu Gesicht bekam […], waren nichts Besonderes, d.h. unter ihnen dominierte ebenfalls jener iranische Typus.[84]

Der Meinung Middendorfs nach

> gingen die Usbeken, Kirgis-Kasachen, Kara-Kirgisen und Kiptschaken gleichsam in einem Ganzen auf, von dem aus man nicht mehr auf die einzelnen Bestandteile schließen konnte.[85]

---

die Sarten keine eigenständige Rasse. Es handelt sich um nichts anderes, als um das Derivat arischer und turk-mongolischer Narodnosti. Die einen anthropologischen und ethnologischen Merkmale sprechen für eine Zugehörigkeit der Sarten zu einem iranischen Stamm, die anderen aber auch von einer Zugehörigkeit zu einem Turkstamm, obschon die arischen Elemente unbestreitbar die turkstämmigen überwiegen" (Ebd., S. 149). Nachdem Kuševskij nun also die Sarten als einen „gemischten, zugleich aber bestimmten Typus" bezeichnet hat, merkte er an, dass jetzt „die sesshaften Bewohner allesamt", zu denen auch die Nachfahren der Chinesen zählten (ebd., S. 152f.), Sarten genannt würden.

[83] Ebd., S. 409.

[84] Ebd., S. 409.

[85] Ebd., S. 408.

Ihre Unterscheidung ergäbe heute nur noch in „historisch-politischer Sicht Sinn."[86] Am Ende seiner ethnographischen Skizze spendet er dem „gesunden Blick des Dilettanten" Lob, nachdem er ihm den flüchtigen Blick des verschlissenen Ethnographen (Ujfalvi?) gegenübergestellt hatte, und rief dazu auf, eine spezielle mit Linguisten, Biologen und Ethnographen versehene Expedition ins Ferghanabecken zu organisieren.

Die ethnographischen Abschnitte des namhaften Experten aus Sankt Petersburg riefen bei dem jungen, einheimischen Forscher V.P. Nalivkin, der sich zu jener Zeit aufgrund eines langen Aufenthaltes im Ferghanabecken direkt inmitten der „eingeborenen" Bevölkerung gut mit den örtlichen Gegebenheiten vertraut machen konnte,[87] Kritik hervor. Ihn verwunderten u.a. die Aussagen des Gelehrten über die „Usbeken kirgisischer Abstammung". In einer Fachrezension aus dem Jahre 1883 – erschienen in der Zeitung *Turkestanskie vedomosti* [Turkestanische Mitteilungen] – wandte Nalivkin ein, seien dies so etwas wie „Slaven polnischer Herkunft":

> Der größte Teil der Bevölkerung, wie man sie in den meisten Städten und Siedlungen des Ferghanabeckens antrifft, besteht nicht aus Tadschiken, wie Herr Middendorf offenbar denkt, sondern aus sartischen Usbeken. Diese sind ihrem Wesen nach keine Iraner, wie Herr Middendorf meint, sondern ebenfalls Usbeken kirgisischer „Herkunft", d.h. sie gehen auf die Ming, Naiman, Bagysch, Karakalpaken und andere zurück, die seßhaft geworden sind und sich zum Teil mit den tadschikischen Ureinwohnern vermischt haben.[88]

Diesen Gedanken wiederholte Nalivkin mehrmals („Der Verfasser vergisst erneut, dass die Kirgisen, Kiptschaken, Nogai und andere ihrem Wesen nach usbekische Völker sind"), als er Middendorf wegen seiner synonymen Verwendung der Termini „Sarte" und „Tadschike" kritisierte. Er liess seine Kritik nicht auf sich beruhen und insistierte wiederholt, die Bewohner des Ferghana-

---

[86] Ebd., S. 408.

[87] Genauer zur Biographie Nalivkins, vgl.: Lunin, Boris V., „Vladimir Petrovič Nalivkin", in: *Istoriografija obščestvennych nauk v Uzbekistane. Bio-bibliografičeskie očerki*, Taškent 1974; Lukašova, Natal'ja, „V.P. Nalivkin: ešče odna zamečatel'naja žizn'", in: *Vestnik Evrazii*, Nr. 1-2 (6-7), 1999, S. 38-60.

[88] Nalivkin, Vladimir, „Po povodu knigi A.F. Middendorfa", in: *Turkestanskie vedomosti*, Nr. 37, 20 sentjabrja 1883.

beckens würden sich mit Ausnahme weniger selbst als Usbeken bezeichnen.[89] In seiner kritischen Besprechung des Buches von Middendorf bemerkte Nalivkin, dass „die Eingeborenen unter dem Begriff Sarten überhaupt alle angestammten und von alters her sesshaften Ackerbauern und Gewerbetreibenden fassten", und dass „die Vorstellung des Verfassers davon, was ein Tadschike und was ein Sarte ist, völlig im Unklaren und äußerst verworren bliebe."[90] Wie gesehen, bestreitet Nalivkin eine Verwandtschaft zwischen Sarten und Tadschiken und zog es vor, die Sarten, zumindest was das Ferghanatal angeht, der Gruppe der Usbeken zuzuordnen.

Diese Auffassung verteidigte Nalivkin auch in seinen folgenden Arbeiten. In seiner Monographie *Očerk byta ženščiny osedlogo tuzemnogo naselenija Fergany* [Skizze von den Lebensgewohnheiten der Frauen in der sesshaften, eingeborenen Bevölkerung des Ferghanabeckens] (1886) hieß es, dass „die sesshafte Bevölkerung des Ferghanabeckens, die den gemeinen Namen Sarten trägt, sich im Hinblick auf Rasse und Stammeszugehörigkeit aus Usbeken (oder Türk) und Tadschiken zusammensetzt", deren wirklicher Unterschied nur in der Sprache begründet liege und deren „Religion, Lebensweise, Gewohnheiten und Bräuche" zusammenfielen.[91] Diesbezüglich bemerkt er:

> Innerhalb des Ferghanabeckens sind die sartischen Usbeken (Nachfolger der sesshaft gewordenen Nomaden – S. A.) zahlenmäßig wesentlich stärker vertreten als die Tadschiken.[92]

Auf eben diese Klassifikation rekurriert Nalivkin wieder in dem Buch *Kratkaja istorija Kokandskogo chanstva* [Eine kurze Geschichte des Khanats von Kokand] (1886) . Die Sarten, d.h. die „sesshafte Bevölkerung", teile sich in sartischen Usbeken („türkischstämmig") und sartischen Tadschiken („iranischstämmig"). Zur sesshaften Bevölkerung zählt er interessanter Weise auch Zigeuner, Inder und Juden.[93] Die Usbeken lassen sich aus seiner Sicht drei Arten von Lebensformen zuordnen: Nomaden (Kirgisen), Halbnomaden (Kiptschaken, Kara-

---

[89] Nalivkin, Vladimir, „Po povodu knigi A.F. Middendorfa", in: *Turkestanskie vedomosti*, Nr. *38*, 27 sentjabrja 1883.

[90] Ebd.

[91] Nalivkin, Vladimir/ Nalivkina M., *Očerk byta ženščiny osedlogo tuzemnogo naselenija Fergany*, Kazan´ 1886, S. 15f.

[92] Ebd., S. 15.

[93] Nalivkin, Vladimir, *Kratkaja istorija Kokandskogo chanstva*, Kazan´ 1886, S. 3.

kalpaken) und Sesshafte (Sarten).[94] Er stellt die Vermutung an, die Sarten seien einer der usbekischen Stämme, die früher als andere sesshaft geworden sind. Dann habe sich der entsprechende Name auf alle anderen sesshaft gewordenen Usbeken ausgebreitet und abschließend auf die gesamte sesshafte Bevölkerung (Usbeken und Tadschiken).[95] Diese Vermutung wurde von anderen Orientalisten – dies sollte hier nicht verschwiegen werden – mit großer Skepsis aufgenommen.

Die Arbeiten Nalivkins, einem der besten Kenner der mittelasiatischen Geschichte und Ethnographie, waren ernsthafte Versuche, eine neuartige ethnographische Klassifikation der mittelasiatischen Bevölkerung zu schaffen, bei der die Merkmale „Lebensform" und „Sprache" miteinander kombiniert wurden. Jedoch kann man auch sie nicht als frei von Widersprüchen bezeichnen. Der Verfasser vermengte verschiedene Termini und schuf keine Klarheit bezüglich deren Verhältnis. Nalivkin setzte Sarten und Usbeken faktisch gleich. Im gleichen Atemzug sprach er dann von sartischen Tadschiken und bemühte sich nicht sonderlich darum, die Bezeichnung „Sarte" zu vermeiden. Zudem legte er den Terminus „Usbeke" recht weit aus. Indem Nalivkin den Ursprung der Usbeken von den nomadischen Mongolen herleitete, subsumierte er unter die Usbeken sowohl die „Kasaken" (d.h. Kasachen), als auch „Karakalpaken", „Kirgisen [Qyrghyz]", „Naiman" und die „Bagysch".[96] Zu den Usbeken zählte er diejenigen „Turk-"stämme, bei denen laut seiner Anmerkungen keine mongolischen Wurzeln existierten. Nalivkin sah darin kein größeres Problem:

> Der Typus der Narodnost´ bildet sich unter dem Einfluss geographischer Voraussetzungen und den die Lebensgewohnheiten betreffenden Bedingungen heraus.

---

[94] Ebd., S. 19.

[95] Ebd., S. 32f. In der zweiten Hälfte des 19. Jh. gab es noch eine recht exotische Version über den Ursprung des Namen „Sarten". Im Jahre 1872 formulierte der bekannte russische Orientalist Pjotr I. Lerch in seinem auf deutsch verfassten Artikel „Russkij Turkestan" die Vermutung, dass der Name seinen Ursprung in der griechischen Bezeichnung für den Fluss „Syr-darja" – Jaxartes – habe und nicht irgendeinen Stamm bezeichnete, sondern die sesshafte Bevölkerung am mittleren und unteren Lauf dieses Flusses. (Diese Auffassung wird genauer in den Arbeiten von Nikolaj P. Ostroumov und A. Šišov dargelegt.)

[96] Es ist schon komisch, dass die Naiman und der Stamm der Bagysch einerseits für Unterarten der Kirgisen [Qyrghyz] gehalten werden, Nalivkin sie jedoch als auf einer Ebene mit den Kirgisen [Qyrghyz] stehend bezeichnet.

So fügte er noch hinzu, der Unterschied sei nicht größer, als der zwischen nördlichen und südlichen Russen.[97] An diesem Detail zeigt sich eine Besonderheit in der Erörterung Nalivkins, welche diesen von vielen anderen Forschern unterscheidet, nämlich das Fehlen von Verweisen auf anthropologische Vermessung. Dieser zog er den Hinweis auf Sprache und die Selbsteinschätzung der „Eingeborenen" vor. Letzterer Umstand spielte die entscheidende Rolle im weiteren Schicksal dieses herausragenden Forschers. Davon wird noch zu sprechen sein.

Die Sarten als ein eigenständiges Volk?

Die nicht zufriedenstellende Ansicht über die Verwandtschaftsbeziehungen zwischen Sarten und Tadschiken rief einen anderen Denkansatz hervor. Einige Spezialisten nannten die Sarten nun immer häufiger eine eigenständige Volksgruppe, die vermischter Herkunft sei. Anfangs schlich sich diese Auffassung fast unmerklich in die Äußerungen ein. Dies ist auch daran erkennbar wie Forscher diese nicht immer präzise in ihren Argumentationsverlauf einpassten. P.I. Pašino, dem (durch Auftrag der Russischen Geographischen Gesellschaft) die „Verantwortung" übertragen worden war, der Frage nach dem „Ursprung der Sarten" auf den Grund zu gehen, schrieb in seinen Reiseberichten *Turkestanskij kraj v 1866 godu* [Der Turkestanische Kraj im Jahre 1866] (1868):

> Vom ersten Moment der Begegnung an sprechen aus dem sartischen Typus und seinem Charakter die arische Abstammung. Natürlich kann man in der Turkestanischen Oblast´ eine Menge Persönlichkeiten treffen, die sich selbst als Sarten bezeichnen und die zweifelfrei mongolische Züge tragen. Aber jener Umstand muss meiner Beweisführung zur Abstammung der Sarten nicht notwendigerweise widersprechen.[98]

Das Auftreten mongolischer Züge bei den Sarten erklärte Pašino durch deren Eheschließung mit tatarischen, kirgisischen (d.h. kasachischen und qyrghysischen) und kiptschakischen Frauen. Die Sarten selbst, so nahm er an, sind die Nachfahren von Persern, die zu Zeiten Tschingis Khans immigrierten:

---

[97] Ebd., S. 12.

[98] [Pašino, Pjotr I.], *Turkestanskij kraj v 1866 godu. Putevye zametki P.I. Pašino*, SPb. 1868, S. 167.

> Uns wurde durch die vielen persisch Sprechenden unter ihnen teilweise glaubhaft gemacht, dass die Sarten persischer Abstammung sind.[99]

Darüber hinaus teilte Pašino nur im eingeschränkten Maße die Ansicht, die Sarten könnten mit Tadschiken gleichgesetzt werden. Fern von seinen Opponenten schreibt er: Einige Forscher

> verwechseln Sarten und Tadschiken und sagen, dass ein Sarte das gleiche wie ein Tadschike sei. Tatsächlich gibt es zwischen Tadschiken und Sarten viel Gemeinsames, weil diese beiden Völker arischer Abstammung sind.[100]

Aber die Tadschiken der Turkestanischen Oblast´ sind „dem Blute nach Perser", ehemalige Sklaven, die erst in jüngerer Zeit hierher umgesiedelt wurden. So bleibt die „persische" Abstammung der Sarten eine „Kaffeesatzleserei". Als ergänzendes Argument verwies er auf das Selbstbewusstsein: Der Sarte selbst „wäre sehr beleidigt, wenn man ihn einen Tadschiken nennen würde", insbesondere, da der Tadschike bei den Sarten als Sklave, und in „seiner Seele" als Schiit, d.h. beinahe Ungläubiger, gelte.[101] Deshalb war Pašino „eher bereit", die Sarten „als besonderes Volk arischer Abstammung" anzuerkennen, als sie mit den Tadschiken in einen Topf zu werfen.

Im Jahre 1872 schrieb A. V. Bunjakovskij in seiner Arbeit *O prostranstve i naselenii Turkestanskogo kraja* [Über Land und Leute des Turkestanischen Kraj] über die Sarten:

> Die sartische Narodnost´, die aus einer Vermengung von Türk und Usbeken mit Tadschiken hervorging, formte sich in den oben genannten Uezdy zu einer eigenen Narodnost´ und unterscheidet sich von diesen und jenen in Typus und Charakter bereits merklich.[102]

---

[99] Ebd., S. 167. Die Sarten aus Buchara sprechen Persisch, aber die Sarten aus Kokand sprechen den „čagataischen" Dialekt des „Turki".

[100] Ebd., S. 168f.

[101] Ebd., S. 169.

[102] Bunjakovskij, A.V., „O prostranstve i naselenii Turkestanskogo kraja", in: *MSTK, Vyp.1*, SPb. 1872, S. 128.

Hier verweist Bunjakovskij darauf, dass die Usbeken die städtische Bevölkerung als Sarten bezeichneten, die „gleichzeitig zur tadschikischen und zur usbekischen Rasse" gehören. Er merkt ebenso an, dass ein Vereinigungsprozess von Tadschiken „mit Usbeken und anderen Turkstämmen" vor sich ginge, und dass dieser Prozess „viele Phasen der Vereinigung" durchlaufe.[103] Ein sehr gegensätzliches Bild der Situation zeichnete M.A. Terent´ev. In seiner Arbeit *Statističeskie očerki Sredneaziatskoj Rossii* [Statistische Skizzen vom mittelasiatischen Russland] (1874) unterscheidet er zwei „Narodnosti" Tadschiken („Ureinwohner") und Kirgisen, oder Usbeken („Eroberer").[104] Terent´ev schreibt:

> aus der Vereinigung dieser beiden Völker ist ein neuer Typus entstanden: die Sarten. Wegen deren zahlreichen Auftretens, ob deren Entwicklung und in besonderem Maße aufgrund deren Kraft und Einprägsamkeit des ausgeformten Typus kann man nicht umhin, die Sarten als eine besondere Narodnost´ anzusehen.[105]

Dabei behauptet Terent´ev, „die Sarten stehen den Tadschiken besonders nahe, sie unterscheiden sich an manchen Orten von diesen in nichts und bezeichnen sich sogar selbst mal mit dem einen, dann mit dem anderen Namen."[106] Zur selben Zeit, so meint er, zählen sich die Sarten in der Syr Darja Oblast´ „zu einem mit den Kirgisen identischen Turkstamm" (obwohl sich die Kirgisen von dieser „Verwandtschaft", ungeachtet der gemeinsamen Sprache, distanzierten).[107]
In diesem Zusammenhang ist noch ein weiterer Forscher zu nennen: D.I. Ėvarnickij. In seinem Aufsatz *K voprosu o narodnosti i značenii slova sart* [Zur Frage der Narodnost´ und der Bedeutung des Wortes Sarte] (1892) zog Ėvarnickij, nachdem er, wie er es ausdrückte, ein wenig in dem „Labyrinth der Meinungen" umhergeirrt war, folgenden Schluss:

---

[103] Ebd., S. 129.
[104] Terent´ev, Michail A., „Statističeskie očerki Sredneaziatskoj Rossii", in: *Zapiski IRGO po otdeleniju statistiki*, T.4, SPb. 1874, S. 72.
[105] Ebd., S. 72.
[106] Ebd., S. 73.
[107] Ebd., S. 76.

Was die Nacional'nost' der Sarten angeht, so ist zu sagen, dass dieses Volk zweifelsfrei iranischer Abstammung ist, wenn auch mit einem turko-mongolischen Einschlag, der allerdings relativ jungen Datums ist [...]. Dies ist ein echter Sohn einer arischen Rasse [...]. Die Sarten sind zwar turkophon, jedoch sprechen sie eine Turksprache, die von der usbekischen und kirgisischen verschieden ist.[108]

Die „Sarten" bei Ostroumov

N.P. Ostroumov entwickelte eine kurze und recht unverständlich formulierte Begründung dafür, dass die Sarten eine eigenständige Narodnost' sein sollten. Aus dieser schuf er dann ein einflussreiches, wenn nicht gar *das* führende Konzept.[109]

Im Jahre 1884 veröffentlichte Ostroumov unter dem Titel *Značenie nazvanija „Sart'* [Zur Bedeutung der Benennung „Sarte"] eine Serie von Artikeln in den *Turkestanskie vedomosti* [Turkestanische Mitteilungen]. Ostroumov hielt dort die Widersprüchlichkeit der unterschiedlichen Meinungen über die Sarten fest. Er schreibt:

Diese Frage ist derart speziell und kompliziert, dass eine umfassende Lösung ohne fachübergreifende Anstrengungen eines Ethnologen, Philologen und Historikers nicht denkbar ist.[110]

---

[108] Ėvarnickij, Dmitrij I., „K voprosu o narodnosti i značenii slova sart", in: *TV, Nr. 44*, 3 nojabrja 1892. Vgl. auch: Ėvarnickij, Dmitrij I., *Putevoditel' po Srednej Azii ot Baku do Taškenta v archeologičeskom i istoričeskom otnošenijach*, Taškent 1893, S. 128.

[109] Nachdem er die Geistliche Akademie in Kazan' beendet hatte, lebte Nikolaj P. Ostroumov vom Jahre 1877 an in Turkestan. Er war Inspektor für Volksbildung, Direktor des Lehrerseminars und Direktor des humanistischen Gymnasiums für Knaben. Ab 1883 war er Redakteur der „Turkestanskaja tuzemnaja gazeta". Genaueres über diese Person, vgl.: Lunin, Boris V., „Nikolaj Petrovič Ostroumov", in: *Istoriografija obščestvennych nauk v Uzbekistane*, Taškent 1893, S. 259-271.

[110] Ostroumov, Nikolaj, „Značenie nazvanija ‚Sart'", in: *TV, Nr. 28*, 17 ijulja 1884; Ostroumov, Nikolaj, „Značenie nazvanija ‚Sart'", in: *TV, Nr. 29*, 24 ijulja 1884; Ostroumov, Nikolaj, „Značenie nazvanija ‚Sart'", in: *TV, Nr. 30*, 31 ijulja 1884; Ostroumov, Nikolaj, „Značenie nazvanija ‚Sart'", in: *TV, Nr. 31*, 7 avgusta 1884.

Ostroumov führt zu diesem Zweck eine sorgfältige Analyse der in jener Zeit verfügbaren Literatur zu diesem Thema durch und zählte folgende Behauptungen als unumstößlich auf:

1. Das Wort Sarten ist eine alte Bezeichnung;
2. In „etymologischer Hinsicht" bezeichnet der Terminus ganz allgemein den „im Unterschied zum nomadischen sesshaften Bewohner Turkestans";
3. In „ethnographischer Hinsicht" „stellen die Sarten einen Mischtypus, jedoch einen bestimmten Typus dar", dessen Wesenszug die Turksprache ist;
4. Die Sarten dürfen nicht mit den Tadschiken verwechselt werden („autochthone Iraner", die Persisch sprechen);
5. „Als Mischtyp verfügen die Sarten, was ihren Charakter betrifft, auch über prägnante und widersprüchliche Charakterzüge, worauf die zukünftige Ethnographengemeinde zu achten habe";[111]
6. Dem Wort „Sarte" haftet nichts Beleidigendes an (obwohl die Nomaden es mit einer geringschätzigen Konnotation verwendeten).

Ostroumov beendet seine Ausführungen mit den folgenden Worten:

> Zweifelsohne ist es so, dass sich die Sarten sowohl von den Persern, als auch von den Turkmongolen unterscheiden [...]. Die Aufgabe des zeitgenössischen mittelasiatischen Ethnographen muss, unserer Meinung nach, in Bezug auf die Sarten darin bestehen, deren physische Eigenheiten genau zu bestimmen und deren widersprüchliche Charakterzüge zu erklären.[112]

In den Ausführungen Ostroumovs erregen einige Thesen die Aufmerksamkeit des Lesers. Zunächst einmal trennt er die Etymologie des Wortes „Sarte" von der eigentlichen ethnographischen Charakteristik der Gruppe, welche mit diesem Namen belegt wird. Er legt nahe, es könne jeder beliebige sesshafte Einwohner als Sarte bezeichnet werden. Dies berühre jedoch nicht die Tatsache, dass es eine Bevölkerung mit einer bestimmten Lebensweise, einer eigenen Sprache, einem eigenen psychologischen Profil gebe und diese nur über den

---

[111] Ebd.

[112] Ebd.

gemeinsamen Namen Sarten verfüge. Ostroumov behauptet mit Blick auf die Zukunft, der Prozess der Aufklärung fördere die Entstehung eines Selbstbewusstseins, eine besondere Einheit zu sein. Die formlose Masse würde sich zu einem vollwertigen Volk wandeln können. Auf diese ein wenig demagogische anmutende Art begegnete Oustroumov jedem, der den Terminus „Sarte" für überflüssig hielt und dessen Tilgung aus dem ethnographischen Wortschatz vorschlug. Es sei mir die Bemerkung erlaubt, dass dies die Logik nationaler Entwürfe in den 1920er Jahren war, worauf ich später noch zu sprechen komme. In diesem Sinne kann Ostroumov als einer der ersten Begründer der mittelasiatischen Nationalismen bezeichnet werden.
Zweitens ist Ostroumov nachdrücklich darum bemüht, den Umstand hervorzuheben, die Sarten seien ein Volk vermischter Abstammung, d.h. weder Iraner noch ein Turkvolk. Offensichtlich müsse nicht weiter darüber gestritten werden, ob die Sarten tatsächlich Tadschiken seien oder ob sie zu einer der Untergruppen der großen Gemeinschaft der Turkvölker zu rechnen seien. Die Merkmale, Turksprache und Sesshaftigkeit, stünden einander nicht entgegen, sondern wirkten zusammen und formten ein neues Volk, das weder tadschikisch noch usbekisch sei. Allerdings sollte der Umstand nicht umgangen werden, dass es bei dieser auf den ersten Blick äußerst ethnographischen Behauptung einen zu berücksichtigenden politischen Kontext gab. Noch Mitte des 19. Jahrhunderts brachte ein Lehrer der Geistlichen Akademie Kasan' und einflussreicher, konservativer Denker, N.I. Il'minskij, einen Diskussionspunkt ins Spiel, demzufolge die Schaffung einer breiten islamischtatarischen Gemeinschaft ein ernsthaftes Hindernis auf dem Weg zur Integration oder auch nur zur Assimilation der nichtrussischen Bevölkerung der Wolgaprovinzen in die gesamtrussische Narodnost' darstelle.[113] Dazu gesellte sich die Angst davor, innerhalb des Russischen Reiches einen „inneren Feind" entstehen zu lassen, der einen der wichtigsten äußeren Rivalen Russlands, das Osmanische Reich, unterstützen würde. Il'minskij betrachtete die Stärkung von lokaler Identität jeder Art, die besondere Betonung von deren nichttürkischen und nichtislamischen Elementen, als ein Mittel, der Bildung einer islamisch-tatarischen Gemeinschaft entgegenzuwirken. Auffallend ist dabei die Nähe der Position Ostroumovs, der als als Schüler und Gesinnungsgenosse

---

[113] Vgl.: Miller, Aleksej, „Rossijskaja imperija, orientalizm i processy formirovanija nacij v Povolž'e", in: *Ab imperio*, Nr. 3, 2003, S. 393-406.

Il'minskijs gilt und annähernd dieselbe Position in Bezug auf Turkestan vertrat.[114]
Im Jahre 1890 veröffentlichte Ostoumov die erste Ausgabe des Buches *Sarty*, das Ideen aus dem Artikel von 1884 detaillierter darlegte.[115] Dieses Buch erfuhr in den Jahren 1896 und 1908 noch zwei weitere Auflagen. Das belegt nicht nur ein von Seiten der lesenden Öffentlichkeit bestehendes Interesse an der Thematik und dem Buch, sondern auch großen Einfluss, den Ostroumov in Turkestan hatte. In *Sarty* [Die Sarten] schreibt er:

> Als Sarten bezeichnet man die sesshaften Eingeborenen und insbesondere die der Syr Darja, und Teile der Ferghana Oblast' und des Amu Darja Otdel. Die sesshafte Urbevölkerung benannte sich gewöhnlich dem Siedlungsort entsprechend [...]. Wenn jedoch Eingeborene fragen, was man sei: ‚Kirgise oder Sarte?', dann entgegnet der Sarte, dass er Sarte sei und nicht Kasache [...]. Genauso unterscheiden sich die Syr Darja auch von den Tadschiken, die sesshaften Eingeborenen der Samarkander Oblast' und einiger Orte des Ferghanabeckens.[116]

Der Verfasser unterstreicht dabei den Mischcharakter der Gruppe:

---

[114] Vgl.: Geraci, Robert P., *Window to the East, National and Imperial Identities in Late Tsarist Russia*, Ithaca/London 2001, S. 158-194. Robert Geraci wiederholte seine Schlussfolgerungen in folgendem Artikel: Džerasi, R., „Kul'turnaja sud'ba imperii pod voprosom: musul'manskij Vostok v rossijskoj ètnografii XIX v.", in: *Novaja imperskaja istorija postsovetskogo prostranstva, biblioteka žurnala Ab imperio*, Gerasimova, I.V., (Hrsg. u.a.), Kazan' 2004, S. 271-306. In diesem Artikel wendet sich der amerikanische Gelehrte auch dem Buch Nikolaj P. Ostroumovs *Sarty* zu, den er aus irgendwelchen Gründen im Verhältnis zu anderen russischen Gelehrten für einen „Sonderling" hält. Er erklärt dessen Standpunkt hinsichtlich eines besonderen existierenden Sartenvolkes mit „dem Streben der Russen, aus den am meisten urbanisierten, bourgeoisen und religiös motivierten Elementen in Turkestan eine eigene ethnische Gruppe abzusondern" zu dem Zweck, „den Eindruck eines in dieser Region starken Islams zu vermindern und in der Realität möglicherweise den Einfluss dieser Schicht auf die Massen zu schwächen" (ebd., S. 297). Mir scheint, dass der Autor, in seinem Buch *Sarty* neben „antiislamischen" noch Motive „gegen die Turkvölker" verfolgte.

[115] Ostroumov, Nikolaj P., *Sarty: Ètnografičeskie materialy, Vyp.1*, Taškent 1890. Die 2. und 3. Auflage der *Sarty*, die 1895 veröffentlicht wurden, waren den Märchen, Sprichwörtern und Rätseln der Sarten gewidmet.

[116] Ebd., S. 1.

> Die eingeborenen Einwohner der Städte des heutigen Syr Darja und eines Teils der Ferghana Oblast', und ebenfalls von Kaschgarien und Chiwa, stellen einen türkisch-iranischen Mischtyp dar. Ein solcher sind auch die heutigen Sarten, die eine Turksprache sprechen und zugleich ihrem Körperbau und ihrem Charakter nach an einen iranischen Stamm erinnern.[117]

Er beharrte darauf, dass „man die Sarten nicht mit den Tadschiken, als Vertreter eines iranischen Stammes, verwechseln darf."[118]
Ostroumov stellte sich und dem Leser die Frage: „Kann man den zeitgenössischen Typus Sarte für einen Typus im ethnographischen Sinne halten? Wenn ja, dann ist es unnütz, über die Bezeichnung zu streiten."[119] Er selber beantwortete sie mit einer eingehenden Beschreibung der kulturellen Besonderheiten der Sarten, wobei er sich bemühte, zu beweisen, sie hätten einen gemeinsamen „Körperbau, intellektuelle Fähigkeiten und Charakter."[120] Es habe also einen eigenständigen ethnographischen Typus gegeben. Wie solle man ihn nennen? Sarten – andere Namen gäbe es für den „Typus" nicht.
Der Schwachpunkt in Ostroumovs Argumentationen ist in seinen Ausführungen zur Sprache der Sarten zu sehen. Gemäß der Ende des 19. Jahrhunderts herrschenden Vorstellung galt die Sprache als das wichtigste oder eines der wichtigsten Merkmale von Narodnost'. Man konnte beliebig viele Besonderheiten im äußeren Erscheinungsbild und der Psychologie eines Stammes finden, wie man wollte. Wenn die Mundart, die die Sarten sprechen, nicht von der Sprache anderer Turkstämme, wie der Usbeken, zu unterscheiden gewesen wäre, so hätte sich ein legitimer Zweifel eingeschlichen, ob die Sarten ein eigenständiges Volk seien. Ostroumov, der kein Philologe war, war gezwungen, einen Beweis zu erbringen, dass eine eigene *„Sarten"sprache* existierte. Im Jahre 1907 veröffentlichte er einen Artikel, in dem er mit einem Verweis auf die Autorität des britischen Philologen Max Müller und seiner vergleichenden Studien zum „Ariertum" den Beweis einer eigenständigen

---

[117] Ebd., S. 9.
[118] Ebd., S. 32.
[119] Ebd., S. 33.
[120] Ebd., S. 35-39.

sartischen Sprache und deren Unterscheidung von anderen Turksprachen erbrachte.[121] Nichtsdestotrotz blieb das Problem ungelöst.

Lapin versus Bartol'd

Als das bekannteste Beispiel einer Kontroverse anlässlich der Sarten, die zwischen einem aus dem Zentrum stammenden Fachmann aus der Wissenschaft und einem einheimischen Beamten ausgetragen wurde, gilt die Auseinandersetzung zwischen dem Orientalisten und Akademiemitglied V.V. Bartol'd und einem Übersetzer des Gouverneurs von Samarkand, der kasachische Wurzeln hatte, Ser-Ali (Šerali) Lapin. Was ist das Besondere dieser Auseinandersetzung? Zunächst handelte es sich wohl um den bekanntesten Streit zweier Auffassungen bezüglich der Sarten, der auch öffentlich die wunden Punkte und methodologischen Unzulänglichkeiten der „*Sartenproblematik*" ans Licht brachte. Zweitens griffen erstmals „*Eingeborene*" selbst in die Diskussion über die Sarten ein. In Wirklichkeit sprach hier jedoch ein russischer Beamter, wenngleich „kirgisischer" Herkunft,[122] im Namen der mittelasiatischen „Eingeborenen". Jedoch stellte er sich in der Auseinandersetzung auf die „andere" Seite. Bis dahin war eine eigene „Stimme" der einheimischen Bevölkerung nicht vernehmbar gewesen. Ihre Meinung interessierte niemanden. Sie selbst brachten jedoch auch kein sonderliches Interesse an der „*Sartenproblematik*" zum Ausdruck.
Die Auseinandersetzung begann mit dem von Lapin für die Zeitung *Orenburgskij listok* [Orenburger Blättchen] verfassten Artikel *Sarty i ich jazyk* [Die

---

[121] Ostroumov, Nikolaj P., „K voprosu o prepodavanii sartovskogo jazyka na mestnych kursach", in: *TV, Nr.41*, 18 marta 1907; Ostroumov, Nikolaj P., „K voprosu o prepodavanii sartovskogo jazyka na mestnych kursach", in: *TV, Nr. 43*, 21 marta 1907; Ostroumov, Nikolaj P., „K voprosu o prepodavanii sartovskogo jazyka na mestnych kursach", in: *TV, Nr. 46*, 27 marta 1907; Ostroumov, Nikolaj P., „K voprosu o prepodavanii sartovskogo jazyka na mestnych kursach", in: *TV, Nr. 47*, 28 marta 1907; Ostroumov, Nikolaj P., „K voprosu o prepodavanii sartovskogo jazyka na mestnych kursach", in: *TV, Nr. 48*, 30 marta 1907.

[122] Zur Biographie Lapins (1868-1919) ist bisher nicht viel bekannt. Er stammt gebürtig aus Ak-metschet' (Perowsk, heute Kzyl-Orda). Er erhielt eine juristische Ausbildung in Sankt Petersburg und war zu Beginn der 1900er Jahre als Rechtsanwalt tätig. Er nahm aktiv am politischen Leben in der Region teil (vgl.: Azretbergenova, Ė.Ž., *Seraly Lapin: Žizn', obščestvennaja dejatel'nost' i tvorčeskoe nasledie*, Almaty (AKD) 2004 (in kasachischer Sprache)).

Sarten und ihre Sprache]. In diesem schreibt Lapin, „es gibt weder die Sarten als Volk, noch eine sartische Sprache". Das Wort Sarten sei ein beleidigender Spitzname für die Tadschiken und Usbeken, der ihnen von den „Kirgisen" verliehen wurde. Letztere These empörte den russischen Orientalisten Bartol´d – er war zwischen 1893 und 1894 durch Mittelasien gereist – so sehr, dass er sich in seinem Artikel *O prepodavanii tuzemnych narečij v Samarkande* [Über das Unterrichten der einheimischen Mundarten in Samarkand] für die Zeitung *Okraina* [Grenzland] (1894) über die Haltung Lapins in einer reichlich scharfen Form ausließ:

> Wir können uns nur darüber wundern, wie Herr Lapin es wagt, mit einer solchen Unverblümtheit über Dinge zu sprechen, von denen er offensichtlich nicht die geringste Ahnung hat.[123]

Bartol´d wies die Version über eine kirgisische Herkunft des Wortes „Sarte" zurück und schlug eine eigene Version vor, der zufolge das Wort Sarte alte Wurzeln, wenn nicht sogar seine Herkunft im Sanskrit, habe. Dabei verweist er darauf,

> welcher Herkunft auch immer das Wort sei, könne man nur der Meinung N.P. Ostroumovs zustimmen, nach der es Gründe dafür gibt, es nicht aus unserem ethnographischen Wortschatz auszuschließen. Die Etymologie des Wortes ‚Deutscher' [Auf russisch: Deutscher/Nemec – „stummer Mensch"] ist jedem geläufig und trotzdem gebrauchen wir es als ethnographischen Terminus. Ähnlich verhält es sich mit dem Wort ‚Sarte'. Auch wenn es in erster Linie keine ethnographische Bezeichnung wäre, so wird es doch heutzutage zur Bezeichnung eines Volkes verwendet, das sich, sowohl was den Typus anbelangt, als auch hinsichtlich der Sprache, als eine besondere ethnographische Einheit präsentiert.[124]

---

[123] Bartol´d, Vasilij V., „O prepodavanii tuzemnych narečij v Samarkande", in: Ders., *Sočinenija, T.2. Čast´ 2, Raboty po otdel´nym problemam istorii Srednej Azii*, ders., M. 1964, S. 304.

[124] Ebd., S. 305.

Die letzten Worte waren nicht nur ein Angriff auf Lapin, sondern auch auf die sich unter russischen Gelehrten schon zu Zeiten Grebenkins und Kostenkos etablierende Tradition, dem Terminus „Sarte" eine abschätzige Konnotation zuzuschreiben.

Lapin antwortete mit dem Artikel *O značenii i proizchoždenii slova „Sart' (Po povodu zametki g. V. Bartol'da)* [Zur Bedeutung und Ursprung des Wortes ‚Sarte'], der noch im selben Jahr in den *Turkestanskie vedomosti* [Turkestanische Mitteilungen] erschien.[125] Er schrieb:

> Um die Lösung der Sartenfrage (wenn man sich so ausdrücken darf) bemühten sich viele Leute, aber leider kann man sie bis heute nicht als gelöst betrachten.

Lapin erkannte, dass sich als Ergebnis der Vermischung von Usbeken und Tadschiken eine eigentümliche „usbekisch-tadschikische Mischung" gebildet habe, „bei der beinahe nichts Nationales geblieben ist, außer der eigenen usbekischen Sprache." Das Wort „Sarte"

> fand in den Sprachen der Kirgisen und der ursprünglichen Usbeken breite Verwendung, wobei es sowohl Tadschiken als auch sesshafte Usbeken und andere turkstämmige Narodnosti (Kiptschaken, Mangiten und andere) bezeichnet, die die tadschikische Kultur angenommen haben, d.h. es bezeichnet die gesamte sesshafte Bevölkerung. In diesem Sinne wird das Wort noch heute benutzt […]. Das Wort Sarte wurde bisher nie und wird auch heute nicht für Eingeborene in dem Sinne benutzt, eine besondere Narodnost' zu bezeichnen.

Der Übersetzer aus Samarkand blieb dabei, die Nomaden würden der sesshaften Bevölkerung den Namen „Sarte" geben und dieser hieße soviel, wie ein beleidigendes „Sary-it" (gelber Hund).[126]

---

[125] Lapin, Ser-Ali, „O značenii i proischoždenii slova ‚sart' (Po povodu zametki g. V. Bartol'da)", in: *TV*, Nr. *36*, 22 maja (3 ijunja) 1894; Lapin, Ser-Ali, „O značenii i proischoždenii slova ‚sart' (Po povodu zametki g. V. Bartol'da)", in: *TV*, Nr. *38*, 29 maja (10 ijunja) 1894; Lapin, Ser-Ali, „O značenii i proischoždenii slova ‚sart' (Po povodu zametki g. V. Bartol'da)", in: *TV*, Nr. *39*, 2(14 ijunja) 1894.

[126] Ich erinnere in diesem Zusammenhang noch einmal daran, dass Lapin kraft seiner kasachischen Herkunft eher zur Zahl derer gehörte, die mit dem Wort „Sarten" eine

Lapin schrieb, „die usbekisch-tadschikische Mischung verlieh sich selbst keinen eigenen Namen" und nenne sich Sarte. Die „neuen Sarten" gerieten bei der Antwort auf die Frage, ob sie sich nach ihrer Herkunft benennen sollten, in die Zwickmühle. Sie begegneten dieser Schwierigkeit, indem sie sich selbst als Sarten bezeichneten. Dadurch allein unterschieden sie sich von Tadschiken und Usbeken. Ausgerechnet damit aber erklärt Lapin das Aufkommen des von Ostroumov vertretenen Standpunktes. Nämlich die Bezeichnung „Sarte" sei eine besondere Narodnost´. Lapin hob immer wieder hervor, in der Volkssprache würde die gesamte sesshafte Bevölkerung Turkestans als „Sarten" bezeichnet (einschließlich der Tadschiken und der usbekisch-tadschikischen Mischung). In Buchara und Samarkand jedoch würden die Tadschiken das Wort „Sarte" nicht zur Selbstbezeichnung verwenden, auch wenn sie sich selbst für Sarten hielten (indessen nennt sich die usbekisch-tadschikische Mischung Usbeken). Lapin schloss sich der Haltung Middendorfs an, das Wort „Sarte" sei ungeeignet und es solle aus dem „ethnographischen Wortschatz" gestrichen werden:

> Es gab und gibt bei uns keine eigenständige sartische Narodnost´, wie es auch keine eigene sartische Sprache gibt [...]. Wenngleich es für die Wissenschaft unerlässlich ist, die usbekisch-tadschikische Mischung mit einem besonderen Ausdruck zu versehen, um sie von anderen Narodnosti zu unterscheiden (was ja nun auch legitim ist), so wäre es doch angebracht irgendeinen anderen Namen zu etablieren: ‚Čala-Usbeke', ‚Čala-Tadschike' [‚Čala' bedeutet ‚nicht vollwertiger, nicht echter' – S. A.] oder etwas in dieser Richtung. Aber das Wort Sarte ist zunehmend weniger für diesen Zweck geeignet.[127]

Lapin bringt abschließend seinen Gedankengang zu einem unerwarteten Ende, indem er schreibt: „Ich sage, dass dies wohl als Konvention für die Wissenschaft nötig ist. Die Volksmischung selbst jedoch bedarf eines neuerdachten Namens nicht". Was hatte Lapin im Sinn, wenn er davon spricht, dass die „usbekisch-tadschikische Mischung" keinen „neuerdachten Namen" bräuchte?

Beleidigung aussprechen konnten, und nicht zu denjenigen, die möglicherweise durch das Wort beleidigt würden. Übrigens könnte Lapin von seinen Stammesgenossen mit dem Spitznamen „Sarte" belegt worden sein, weil er die nomadischen Traditionen verraten hatte.

[127] Siehe Anm. 125.

Das bei der einheimischen Bevölkerung fehlende Bedürfnis nach nationaler Selbstbestimmung? Oder – das konnte Lapin nicht offen ansprechen – die Existenz einer gesamttürkischen Identität, welche für die Einheit aller mittelasiatischen „Stämme" grundlegend werden sollte?
In Lapins Artikel wurde erstmals klar und deutlich eine gänzlich neue Vorstellung artikuliert. Der Verfasser schlug vor, die Sprache der Sarten als „neuusbekisch" zu bezeichnen.[128] Dies entsprach ungefähr dem Standpunkt Nalivkins, wenngleich seine Position über die Verwandtschaft der Sarten mit den Usbeken einer etwas anderen Argumentationsstrategie folgte und sich nur auf das Ferghanabecken beschränkte. Lapin verkündete trotz einiger Vorbehalte und offensichtlich dem Wesen der Sache nach die Idee, die Sarten seien in Usbeken umzubenennen. Notwendig wurde dies, da er den Hauptakzent auf die Sprache als wichtigstes Merkmal dieser Gemeinschaft legte. Und obwohl die erste Reaktion der russischen Forscher auf diesen Vorschlag negativ ausfiel, wurde die Idee der Ähnlichkeit zwischen Sarten und Usbeken dank Lapin zum Gegenstand von zahlreichen Reflexionen und Erörterungen. Die Nähe wurde u.a. auch von den „eingeborenen" Intellektuellen zur Kenntnis genommen, für die die geschriebene und in Szene gesetzte Sprache das Hauptcharakteristikum von Selbstbestimmung und das wichtigste Mittel zur Verbreitung der eigenen Überzeugungen darstellte. Die Haltung Lapins – in der führenden turkestanischen Zeitung zum Ausdruck gebracht – erhielt den Status einer legitimen Konzeption, auf die man sich von nun an berufen konnte.
Bartol'd veröffentliche als Reaktion darauf unverzüglich in den *Turkestanskie vedomosti* [Turkestanische Mitteilungen] einen Artikel mit dem Titel *Vmesto otveta g-nu Lapinu* [Anstelle einer Anwort an Herrn Lapin] (1894), in dem er die im vorhergehenden Artikel vorgenommene Äußerung über die „absolute Unkenntnis" des Widersachers zurücknahm.[129] Sein Ton änderte sich vollständig, und wieß die Beobachtungen Lapins über die heutigen Sarten nicht mehr im Grundsatz zurück. Bartol'd legte lediglich seine Ansichten über die Etymologie des Wortes „Sarte" dar, die im Vergleich zur Position Lapins einen wesentlich wissenschaftlicheren und realistischeren Anstrich hatten.

---

[128] Mitte der 1890er Jahre gab Lapin in Samarkand das „Kratkij russko-uzbekskij slovar'" heraus, welches später noch zwei Überarbeitungen erfuhr. Der Terminus „usbekisch" trat in Konkurrenz zum offiziellen Namen „sartische Sprache", der von den meisten russischen Gelehrten und Beamten verwendet wurde.

[129] Bartol'd, Vasilij V., „Kriegsministeriumesto otveta g-nu Lapinu", in: Ders., *Sočinenija*, T.2, Čast' 2, *Raboty po otdel'nym problemam istorii Srednej Azii*, S. 308.

Im Jahre 1895 war Bartol´d in den *Turkestanskie vedomosti* [Turkestanische Mitteilungen] mit einem besonderen Artikel *Ešče o slove „Sart'* [Noch zum Wort ‚Sarte'] präsent, in dem die Differenzen mit Lapin kein Thema mehr waren. Indessen formulierte er seine Haltung zur „*Sarten*"-*problematik* genauer. Bartol´d versuchte erneut, die Entwicklung und Ursprünge des Wortes „Sarte" zurückzuverfolgen. Im Detail schrieb er, dass zunächst die Mongolen und Turkvölker die sesshafte Bevölkerung (insbesondere die Tadschiken) als Sarten bezeichneten, dann

> unter dem Einfluss der Eroberer [Usbeken des 16. Jahrhunderts – S. A.] die städtische Urbevölkerung damit begann, sich Sarten zu nennen. Aber die stammesmäßigen Unterschiede zwischen Turkstämmigen und Tadschiken sind derartig groß, dass die Vertreter beider Völker sich nicht mit dem gleichen Namen bezeichnen konnten. Weil die sesshafte Bevölkerung jetzt mehrheitlich in einer Turksprache kommunizierte, wurden die Sarten im Gegensatz nicht nur zu den Nomaden, sondern auch den Tadschiken, nur als städtische Turkstämmige bezeichnet […]. Auf diese Weise formierte sich der Unterschied zwischen den Termini Sarte und Tadschike, welche irgendwann Synonyme waren.[130]

Bezogen darauf formuliert er in den Anmerkungen noch genauer:

> Ob sich der Unterschied zwischen Sarten und Tadschiken erst unter russischer Herrschaft oder noch unter den Usbeken ausprägte, wissen wir nicht. Ersteres scheint uns recht unwahrscheinlich. Indessen besitzen wir auch keine direkten Beweise für Letzteres.[131]

Und an anderer Stelle merkt er noch an: „Wir können keine Gründe dafür vorweisen, die Verwendung des Wortes Sarte als eine ethnographische Bezeichnung aufzugeben."[132]

---

[130] Bartol´d, Vasilij V., „Ešče o slove ‚sart'", in: Ders., *Sočinenija, T.2, Čast' 2, Raboty po otdel'nym problemam istorii Srednej Azii*, S. 313.
[131] Ebd., S. 313 (Anm. 19).
[132] Ebd., S. 314.

Die von Bartol´d 1898 veröffentlichte Rezension zum Buch N. A. Aristovs zeugt davon, wie Bartol´d den Ausführungen Lapins trotz alledem Aufmerksamkeit schenkte. Nachdem er seine These, dass heutzutage „die turkisierten Tadschiken unter dem Namen Sarten bekannt seien", wiederholt hatte, fuhr Bartol´d fort:

> Gegenwärtig hat das Wort Sarte sogar in der offiziellen Statistik keine bestimmte, allgemein anerkannte Bedeutung und man bringt die Sarten häufig mit Usbeken durcheinander.[133]

Wenig später bemerkt er dazu:

> Weil die Sprache als das grundlegendste Merkmal eines Volkes gilt, so ist, wie uns scheint, eine genaue Abgrenzung der Sarten von den Usbeken nur auf dem Weg einer genauen Bestimmung jener Merkmale möglich, durch die sich die Bezeichnung der Sarten von derjenigen der Usbeken unterscheidet.[134]

Wir sehen, wie hier der Orientalist wenigstens die Nähe von Sarten und Usbeken reflektiert, was in seiner Auseinandersetzung mit Lapin freilich noch nicht spürbar war.
Kraft seines akademischen Ranges und dank seiner guten Kenntnisse über die Region war Bartol´d zweifelsohne eine der mächtigsten und einflussreichsten Figuren in der Diskussion über eine ethnographische Klassifikation der mittelasiatischen Völker. Nichtsdestotrotz führt kein Weg daran vorbei, in Bezug auf sein Verhältnis zu den Sarten, eine Unschlüssigkeit und eine gewisse Ungenauigkeit in der bartol´dschen Haltung zu konstatieren. Zwar schrieb er sehr umsichtig und detailreich über Geschichte und verfolgte zurück, wie sich der Terminus „Sarte" in seiner Bedeutung wandelte. Wenn aber die Rede jedoch auf die Gegenwart kommt, lässt sich eine gewisse Unsicherheit bei Bartol´d bemerken. Von seiner hohen Warte aus verspürte der Fachmann für orientalische Quellen eine politische Befangenheit und ein Unbehagen davor, voreilig Schlüsse zu ziehen. Nur zaghaft wagte er einen Blick in die Zukunft und konnte sich dabei nicht zu einer eindeutigen Prognose durchringen. Er

---

[133] Bartol´d, Vasilij, „[Recenzija na] N.A. Aristov. Zametki ob ètničeskom sostave tjurkskich plemen i narodnostej i svedenija ob ich čislennosti", SPb. 1897 (1898), in: Ders., *Sočinenija, T.5, Raboty po istorii i filologii tjurkskich i mongol´skich narodov*, M. 1968, S. 277.

[134] Ebd., S. 278.

zog es vor, vorsichtig seine Solidarität mit Ostroumov zum Ausdruck zu bringen, den er als guten Forscher schätzte und zu dessen Argumentation er sich von einer historischen Neutralität des Namens „Sarte" hingezogen fühlte.

„Zametki ob ètničeskom sostave tjurkskich plemen" [Bemerkungen zur ethnischen Zusammensetzung der Turkstämme] von Aristov

Es stand also die Frage im Raum: Wie verhält es sich mit Usbeken und anderen Turkvölkern, die sich nach und nach an einem Ort niederließen und zunehmend die Züge nomadischer Lebensformen ablegten. Sind sie Sarten? Zwar wollte Ostroumov den Unterschied zwischen Sarten und Tadschiken möglichst genau definieren, aber der Unterschied zwischen Sarten und anderen Turkvölkern, einschließlich des sprachlichen, blieben zumindest bei ihm unklar. Den Versuch abschließend zu klären, wer diese Sarten nun wirklich seien, übernahm ein anderer Forscher: N. A. Aristov.[135] In seiner Schrift *Zametki ob ètničeskom sostave tjurkskich plemen i narodnostej i svedenija ob ich čislennosti* [Bemerkungen zur ethnischen Zusammensetzung der Turkstämme und Narodnosti und Angaben über deren Anzahl] (1896) schreibt er dazu:

> Die Klärung des Ursprungs der Turkstämme und Narodnosti hängt in bedeutendem Maße davon ab, ob fremde Faktoren eindeutig benannt werden können. Aus der Vermischung mit diesen nämlich gingen spezifische Turkstämme hervor.[136]

Aristov nennt in einer Aufzählung dieser Stämme explizit die Sarten, welche von seinem Standpunkt aus nicht einfach nur eine eigenständige, sondern auch turkstämmige, wenn auch vermischte Narodnost´ darstellen.[137] Die iranischen oder arischen Wurzeln, auf die die anderen Spezialisten ihre Aufmerksamkeit richteten, berührten Aristov nicht sonderlich. Im Unterschied zu Ostroumov, der sich anscheinend bewusst gegen die Überlegungen wendete, die Sarten den

---

[135] N. A Aristov gehörte zu den „Altturkestanern". Bis 1889 diente er auf verschiedenen Posten im Turkestaner Kraj, u.a. in der Syr-darja Oblast´. Später veröffentlichte er einige sehr qualifizierte wissenschaftliche Arbeiten über Mittelasien.

[136] Aristov, Nikolaj A., „Zametki ob ètničeskom sostave tjurkskich plemen i narodnostej i svedenija ob ich čislennosti", in: *Živaja starina. Izdanie Otdelenija ètnografii IRGO, Vyp. 3-4, God šestoj*, SPb. 1896, S. 278.

[137] Ebd., S. 420-428, S.428-435.

Türken zuzuordnen, stellte Aristov ohne Bedenken fest, dass diese der turkstämmigen Welt angehören würden. Er ließ den Umstand nicht auf sich beruhen, dass der Terminus „Sarte" gewöhnlich ein breites Spektrum abdecke und im Zusammenhang mit verschiedenen Stämmen und Narodnosti verwendet wird. Seine Folgerungen kleidet er in folgende Worte:

> Weil der Gebrauch des Terminus ‚Sarte' in einer Bedeutung, bei der verschiedene, völlig unterschiedliche Sprachen sprechende Narodnosti miteinander vermischt werden, unerwünschte und überflüssige Verwirrung stiftet und Missverständnisse nach sich zieht, beginnt sich in unserer einheimischen gebildeten Gesellschaft und in der Literatur die Bedeutung eben dieses Wortes zu festigen, in dem Sinne, dass man nämlich unter dem Namen Sarte nur die sesshaften Eingeborenen versteht, die eine Turksprache sprechen. Damit das Wort Sarte eine genaue und eine im tatsächlichen ethnographischen Gebrauch unentbehrliche Definition erhalten hätte, wäre es nötig gewesen hinzufügen, dass jene sesshaften Turkvölker und turkisierten Eingeborenen, die bereits ihre tribalen Lebensgewohnheiten aufgegeben und die Grenzen der daran gebundenen Untergliederung verwischt haben, Sarten genannt werden müssten.[138]

Aristov formulierte ein Kriterium, dem zufolge man die Sarten nicht nur von den Tadschiken unterscheiden konnte, sondern auch von den anderen Turkvölkern: den Kirgisen und Usbeken, die gerade den Prozess der Sesshaftwerdung durchliefen. Falls die sesshaften Turkstämme noch ihre tribalen Lebensgewohnheiten und ihre tribale Bezeichnung beibehalten hatten, so wären sie noch keine Sarten geworden.

Aristov erwähnte den Standpunkt Lapins, wobei er auf die eigene Behauptung verweist, es existierten „Mischungen von Usbeken und Tadschiken". Er schreibt zu diesem Punkt:

> Wie man sieht, existiert eine eigenständige Narodnost´, die sich nicht den Namen Sarten verliehen hat, sondern als solche von anderen Eingeborenen bezeichnet wird. Entsprechend gibt es

---

[138] Ebd., S. 429.

eine eigenständige Sprache, für die Herr Lapin den Begriff „neu-usbekisch" vorschlägt.[139]

Gemäß Aristovs habe die Tatsache, die Sarten seien eine „Mischung" verschiedener Stämme (u.a. von Turkstämmen mit Tadschiken, Afghanen, Arabern und Turkstämmen untereinander) oder auch nur Türk „auf dem Weg zur Sesshaftigkeit" gewesen,[140] hätten die Sarten nicht davon abgehalten, eine ziemlich einheitliche und unterscheidbare Narodnost´ zu sein oder sich dazu zu machen [!!! – S. A.], da die Einheit in Sprache, Religion, Berufsfelder und Lebensgewohnheiten unweigerlich auch das anthropologische Verwachsen mittels Heirat und Métissage nach sich ziehe.[141] Was Aristov doch in Wirklichkeit feststellt ist doch, dass der bisher „scheinbar rationale" Gebrauch des Wortes „Sarte" sich nicht „allgemeiner Verwendung erfreue." Im Ferghanabecken und in der Syr Darja Oblast´ bezeichnete sich die turkophone, sesshafte Bevölkerung (turkisierte Tadschiken) „selbst als Sarten oder lehne eine solche allgemeine ethnische Bezeichnung in Anbetracht der Tatsache, dass es keine andere gibt, zumindest nicht ab." Hingegen würden die Bewohner der Samarkander Oblast´ und der von Buchara, die genau die gleiche Kultur hätten, es vorziehen, sich als Usbeken zu bezeichnen.[142] In Anbetracht dessen vermutete Aristov jedoch, die „ethnographische Zukunft" der Usbeken aus Samarkand und Buchara, ein „ethnisches Zusammengehen" mit den Sarten verheiße,[143] jedoch nicht umgekehrt.

Die Sarten in der Volkszählung von 1897

Gegen Ende des 19. Jahrhunderts hatten sich etwa drei grundlegende Varianten hinsichtlich der Beantwortung der Frage, wer die Sarten sind, herauskristallisiert. Die Antwort hing jeweils davon ab, welches Merkmal zur Bestimmung einer Narodnost´ als wesentlich angesehen wurde. Dienen die Merkmale anthropologisches Aussehen und Lebensweise als wesentliche Kennzeichen, so gelten die Sarten als Tadschiken. Handelt es sich um das Merkmal

---

[139] Ebd., S. 429 (Anm. 1).
[140] Ebd., S. 429.
[141] Ebd., S. 429f.
[142] Ebd., S. 431.
[143] Ebd., S. 431.

Sprache, so sind die Sarten Usbeken. In diesen Fällen kann man entweder ganz ohne den Terminus „Sarte" auskommen, oder das Wort „Tadschiken" oder „Usbeken" durch „Sarten" ersetzen. Wenn dazu noch alle genannten Merkmale in etwa gleich gewichtet werden, so kann man die Sarten, die in sich Merkmale verschiedenen Ursprungs vereinen, als eine eigenständige Narodnost´ gemischten Typs betrachten.

Die Entscheidung für die eine oder andere Variante war nicht nur durch die Überzeugungskraft der theoretischen Prämissen, sondern auch durch die Möglichkeiten der Instrumentalisierung gegeben. Indem ein Allgemeingültigkeitsanspruch vorgegeben wurde, musste das Modell verlässliche Verfahren bieten, mit Hilfe derer man die Stammeszugehörigkeit eines bestimmten Menschen postulieren konnte.

Lange Zeit galt die Anthropologie als die zuverlässigste Methode zur Klärung der Nacional´nost´. A. Bogdanov, der sich über die Fülle „unwissenschaftlicher" Abhandlungen über die mittelasiatischen Völkern beklagte, schrieb in seiner Arbeit *Antropometričeskie zametki otnositel´no turkestanskich inorodcev* [Anthropometrische Bemerkungen bezüglich turkestanischer Fremdstämmiger] (1888):

> Jeder Käfer, jedes Vögelchen wird in allen Einzelheiten und ganz genau beschrieben, aber die Charakteristik eines andersstämmigen Menschen verbleibt in Formulierungen allgemeinster Art.[144]

Bogdanov dachte, es würde ausreichen, das umfangreiche anthropometrische Material zu sammeln. Anhand dieser Materialien versuchte er die wissenschaftliche Klassifikation der mittelasiatischen Stämme zu lösen.[145] Das anthropologische Verfahren war nicht nur deshalb von Interesse, weil es erlauben sollte, den „Typus" dieser oder jener Volksgruppe mit Hilfe einer genauen Vermessung von Kopf, Körper und Gliedmaßen nachzuzeichnen. Vielmehr erhoffte man auch, jeden einzelnen Menschen mit diesem „Typus" zu vergleichen und damit dem Spezialisten eine Methode an die Hand zu geben,

---

[144] Bogdanov, Anatolij, „Antropometričeskie zametki otnositel´no turkestanskich inorodcev", in: *Izvestija imperatorskogo Obščestva ljubitelej estestvoznanija, antropologii i ètnografii*, T.34, Vyp. 5, M. 1888, S. 85.

[145] Bogdanov hob zwei verschiedene "Typen" von Schädeln hervor, welche er mit Verweis auf A. P. Fedčenko mit den zwei Hauptstämmen, den Usbeken (mongolischer Typus und Turksprache) und den Tadschiken (indoeuropäischer Typus und persische Sprache) in Beziehung setzt (ebd., S. 1).

mit der er die Nacional'nost' eines beliebigen Menschen bestimmen konnte. Im Übrigen war dieses Vorgehen nicht unumstritten. Erstens setzte die Bestimmung „der Typen" aufgrund der äußerlichen Erscheinung selbst bereits Wissen voraus, zu welchem Stamm der zu vermessende Mensch gehöre. Zweitens zeigten konkrete Fälle des Öfteren ein Abweichen von dem „idealen" (d.h. durchschnittlichen) „Typus". Nach den Worten eines Skeptikers

> stellt der zeitgenössische [...] Turaner weder die eine, noch die andere Stufe einer vermischten und folglich im anthropologischen Sinne verworrenen Narodnost', wie es die Sarten sind, dar. [...] Es sind daher Zweifel angebracht, dass uns die Schädelmessung irgendwann einmal scharfe, charakteristische Merkmale eines sartischen Schädels geben kann."[146]

Die Mehrheit der Spezialisten neigte zur Annahme, die Sprache sei das allerbeste Merkmal eine Nacional'nost' zu bestimmen. Jedoch führten die Versuche, diesen Ansatz zur Anwendung zu bringen, ebensowenig zu überzeugenden Ergebnissen, wie die über die Erfassung von anthropometrischen Merkmalen.

Im Jahre 1897 wurde die erste allumfassende Volkszählung des Russischen Reiches durchgeführt. Dies war die erste mehr oder weniger systematisch und methodologisch konsequent durchgeführte Maßnahme zur Erfassung der Bevölkerung, weshalb die gewonnenen Ergebnisse als die für das Ende des 19. Jahrhunderts genauesten galten und weiterhin zu gelten haben. Dies betrifft in erster Linie die Bevölkerungszahlen und deren soziale Zusammensetzung. Aber die Angaben über die „nationale" Zusammensetzung riefen praktisch von Beginn an große Zweifel hervor. Es ging darum, dass die Volkszählung von 1897 nicht nach der „Nacional'nost'" oder der „Narodnost'" einer Person fragte, sondern nach deren „Muttersprache".[147] Obgleich in der Fragestellung

---

[146] Vil'kins, Aleksandr I., „Sredneaziatskaja bogema", in: *Antropologičeskaja vystavka 1879 goda*, T.3, Čast' 1, M. 1879, S. 437.

[147] Die Befragung fand entweder nach Haushalten statt, dann war der Informant das Familienoberhaupt, oder auf der Dorfversammlung. Man kann sich unschwer vorstellen, dass in Turkestan letzteres Verfahren angewandt wurde, bei dem die Daten über das ein oder andere Individuum nicht so sehr das Ergebnis von dessen persönlicher Meinung, als vielmehr das Ergebnis der allgemeinen Erörterung innerhalb der einen oder anderen Ortschaft waren.

nicht konkretisiert wird, welche Sprache als „Muttersprache" zu gelten habe, wurde die Antwort als Merkmal „ethnographischer Zugehörigkeit" aufgefasst.[148] Dies legte den Grundstein für die im Westen und in Russland herrschende, wissenschaftliche Vorstellung, der zufolge „die Zugehörigkeit zu einer Nacional´nost´" oder „Narodnost´" eines Menschen durch die Sprache zu bestimmen sei.[149] Diese Entscheidung hatte allerdings ihre politischen Gründe. Das Innenministerium, das für das Zentrale Statistikkomitee und Volkzählungsangelegenheiten zuständig war, stand einer Förderung nationalen Selbstbewusstseins unter den Völkern des Reiches entgegen und wollte keinen Anlass für politische Forderungen schaffen, indem die Frage nach der Nacional´nost´ gestellt werden konnte.[150]

---

[148] Bereits nach der Volkszählung schrieb einer der an deren Ausarbeitung Beteiligten: „Die Muttersprache, die nicht von allen Befragten gleichermaßen verstanden wird, gibt bei weitem nicht immer einen rechten Begriff von Nacional´nost´ der einen oder anderen Bevölkerungsgruppe" (*Obščij svod po imperii rezul´tatov razrabotki dannych Pervoj vseobščej perepisi naselenija, proizvedennoj 28 janvarja 1897 goda*, T.2, SPb. 1905, S. i). Vgl. auch: Kadio, Žjul´ett, „Kak uporjadočivali raznoobrazie: spiski i klassifikacii nacional´nostej v Rossijskoj imperii i v Sovetskom Sojuze (1897-1939 gg.)", in: *Ab Imperio*, No. 4, 2002, S. 177-206.

[149] Im Jahre 1872 fand in Sankt Petersburg der Internationale Statistikkongress statt, der vorschlug, in die Volkszählung auch die Frage nach der Sprache als Hauptdeterminante der Nacional´nost´ mit aufzunehmen.

[150] Nebenbei bemerkt befand sich das Innenministerium aufgrund von Meinungsverschiedenheiten ob der Methode Turkestan zu verwalten in einem Dauerkonflikt mit dem Kriegsministerium, welches formal für diesen Kraj „verantwortlich" war. Die Auseinandersetzungen zwischen den Beamten des Kriegsministeriums und denen des Innenministeriums (hier kann man auch noch das Außenministerium hinzufügen) verdienen eine gesonderte Untersuchung. Es lässt sich vorläufig behaupten, dass das Innenministerium im Hinblick auf die „nationale Frage" politisch sehr vorsichtig agierte, indem es sich bemühte, die nationalen Interessen nicht zu betonen und die Bildung eines nationalen Selbstbewusstseins nicht zu fördern. Das Kriegsministerium hingegen verhielt sich in dieser Frage wesentlich ungebundener. Seine Experten wendeten sich häufiger diesem „nationalen Faktor" zu. Einer von ihnen, Michail I. Venjukov, nutzte Mitte des 19. Jahrhunderts gezielt ethnografische Angaben, um die militärische Strategie Russlands in der asiatischen Region zu erläutern und bezeichnete seine Forschungen auf diesem Gebiet als „politische Ethnographie" (vgl. Venjukov, Michail I., *Očerk političeskoj étnografii stran, ležaščich meždu Rossieju i Indieju*, SPb. 1878). Zu Beginn des 20. Jahrhunderts stützt sich ein anderer bekannter Militärexperte, Andrej E. Snesarev (der Onkel des sowjetischen Ethnographen Gleb P. Snesarev) in seiner Analyse auf eben jene Position. Ein Muster, wie letzterer dachte, gibt beispielsweise jenes Zitat aus der

Die Ergebnisse der Volkszählung in Turkestan waren verblüffend. So gab es in der Ferghana Oblast´ scheinbar mehr Sarten (788989) als Usbeken (153780); Tadschiken gab es 114081.[151] In der Samarkander Oblast´ schienen sich die Proportionen umzukehren: es gab mehr Usbeken (507587) als Sarten (18073); dazu noch 230384 Tadschiken.[152]
Der Ethnograph S. K. Patkanov, der die Auswertung der Umfrageergebnisse bezüglich der „Muttersprache" geleitet hatte, kommentierte die Angaben wie folgt:

> Die Grenze zwischen diesen drei Narodnosti zu erfassen, stellt eine höchst komplizierte, wenn nicht unmögliche Aufgabe dar.[153]

Und er folgert daraus:

> Der Unterschied zwischen Sarten und Usbeken ist unwesentlich. Er gründet sich nicht auf eine andere Stammeszusammensetzung, sondern in erster Linie auf die verschiedenen historischen Schicksale beider Völker.[154]

Warum bloß entfiel in der Ferghana Oblast´ der größte Bevölkerungsteil auf die „Sarten", jedoch in der Samarkander Oblast´ auf die „Usbeken"? Der Grund dafür ist äußerst trivial. Wie Bartol´d schreibt,

---

Arbeit „Vostočnaja Buchara": „Es wäre höchst interessant zu wissen, ob sich die Usbeken, ungeachtet dessen, wo sie sich befinden, also z.B. in Afghanistan, Buchara, Chiwa, im Ferghanabecken usw., als Einheit und als in einem Volk verbunden fühlen und ob sie eine gemeinsame, als usbekisch zu bezeichnende Einstellung haben" (Snesarev, Andrej E., „Vostočnaja Buchara (voenno-geografičeskij očerk)", in: *Sbornik geografičeskich, topografičeskich i statističeskich materialov po Azii, Vyp. 79*, SPb. 1906, S. 42).

[151] *Pervaja Vseobščaja perepis´ naselenija Rossijskoj imperii 1897 g. T.LXXXIX Ferganskaja Oblast´*, SPb. 1904, S. 60f.

[152] *Pervaja Vseobščaja perepis´ naselenija Rossijskoj imperii 1897 g. T.LXXXIII Samarkandskaja Oblast´*, SPb. 1905, S. 48f.

[153] *Obščij svod po imperii rezul´tatov razrabotki dannych Pervoj vseobščej perepisi naselenija, proizvedennoj 28 janvarja 1897 goda, T.2*, SPb. 1905, S. xiv.

[154] *Obščij svod po imperii rezul´tatov razrabotki dannych Pervoj vseobščej perepisi naselenija, proizvedennoj 28 janvarja 1897 goda, T. 2*, SPb. 1905, S. xxvi.

erklärt sich dies in der Tat dadurch, dass [...] die Samarkander Statistik nur Usbeken, aber keine Sarten akzeptierte. Die Ferghana Statistik hingegen akzeptierte nur Sarten und keine Usbeken.[155]

Allein der Statistiker definierte, wie man die untersuchte Bevölkerung zu nennen habe. Im Jahre 1880 zählte L.F. Kostenko im Okrug von Seravschan[156] 132138 Sarten, 67862 Tadschiken und 140154 Usbeken, in der Ferghana Oblast´ 344023 Sarten, 11580 Tadschiken und 19852 Usbeken.[157] Laut Kostenko war die Anzahl der Usbeken und Sarten in Samarkand und Umgebung beinahe gleich. Entsprechend der Volkszählung von 1897, d.h. nur 20 Jahre später, übertraf die Zahl der Usbeken die der Sarten um ein 25-faches! In der Ferghana Oblast´ war Kostenko zufolge die Zahl der Sarten um ein 17-faches höher als die der Usbeken, aber der Volkszählung von 1897 zufolge alles in allem nur um das 5-fache.

Die Sympathien des Samarkander Statistikkomitees für die Usbeken und dessen Antipathie für die Sarten erklärte später der „Turkestaner" N. G. Mallickij, dessen Behauptung zufolge das Wort „Sarte" in den 1890er Jahren aus den offiziellen, russischen Dokumenten der Samarkander Oblast´ unter dem Einfluss der „bekannten Samarkander Persönlichkeit, dem intelligenten Kirgisen" S. A. Lapin zu verschwinden begann.[158] Ein weiteres Detail ist das

---

[155] Bartol´d, Vasilij, „[Recenzija na] Knjaz´ V.I. Masal´skij, Turkestanskij kraj", in: Ders., *Sočinenija, T.2, Čast´ 1, Obščie raboty po istorii Srednej Azii. Raboty po istorii Kavkaza i Vostočnoj Evropy*, M. 1963, S. 641. Dasselbe merkte Aristov an: „In dem Maße, in dem die Statistik der Samarkander Oblast´ die Existenz von Sarten abstreitet, ignorieren die Daten für die Fergana Oblast´ die Usbeken" (Aristov, Nikolaj A., „Zametki ob ètničeskom sostave tjurkskich plemen i narodnostej i svedenija ob ich čislennosti", in: *Živaja starina. Izdanie Otdelenija ètnografii IRGO*, Vyp.3-4, god šestoj, SPb. 1896, S. 426).

[156] Im Jahre 1886 wurden aus dem Okrug von Seravschan und dem Uezd von Chodschent die Samarkander Oblast´ gebildet.

[157] Kostenko, Lev F., *Turkestanskij kraj. Opyt voenno-statističeskogo obozrenija Turkestanskogo voennogo okruga*, T.1, SPb. 1880, S. 326.

[158] Mallickij, Nikolaj G., „O vzaimootnošenii nazvanij 'sart' i 'uzbek'", in: *Central´nyj gosudarstvennyj archiv Respubliki Uzbekistan*, F.2231, Op.1, D.46, L.32-33, 1925 (unveröffentlicht). Natürlich kann man nicht bestreiten, dass im Ferghanatal das Wort „Sarte" von der Bevölkerung selbst wesentlich weniger negativ aufgefasst wurde und das Wort „Usbeke" zur Selbstbezeichnung wesentlich unbeliebter war, als im Seravschantal. Jedoch orientierten sich die Forscher, wie ich bereits sagte, nur in unbedeutendem

Folgende: In der Volkszählungskommission der Samarkander Oblast' von 1897 war auch V. P. Nalivkin tätig, der, wie ich schon gesagt habe, ebenfalls ein Anhänger davon war, die Sarten den Usbeken zuzurechnen. Anscheinend wurde die Entscheidung, das Wort „Sarte" aus dem Ergebnis der Befragung zu streichen, unter unmittelbarer Beteiligung dieser beiden Autoren angenommen. Ein weiteres Rätsel der Volkszählung von 1897 war die Gruppe der „Turko-Tataren", oder der „Türk ohne Aufteilung nach Dialekten". Ihre Anzahl erreicht in der Samarkander Oblast' 19993 Menschen, in der Syr Darja Oblast' 158675, in der Ferghana Oblast' 261234.[159] Im Ferghanatal und im Seravschantal lebte ein Volksstamm der „Türk", dessen Anzahl nicht sonderlich groß war. Patkanov erklärte dieses Rätsel folgendermaßen:

> In einem bedeutenden Teil Turkestans fanden sich wesentlichere Hindernisse für eine korrekte Verteilung der Bewohner auf die Nacional'nosti. Dort wurde nämlich in ganzen Uezdy die Sprache der ortsansässigen Turkstämme (Sarten, Usbeken, Karakirgisen, Tarantsch usw.) infolge des Halbanalphabetentums und infolge der Schlamperei lokaler Volkszähler zunächst durch den allgemeineren, jedoch weniger bestimmten Ausdruck ‚turkstämmig', dann einfach durch die Zeichen ‚tur., tür., tat., ta' oder die Buchstaben ‚t., k., s.' ersetzt. Aber diese Bezeichnungen, insbesondere bei Unleserlichkeit des Geschriebenen, könnten Anlass für verschiedenste Erklärungen sein: beispielsweise könnten ‚tür. und tur.' ‚Turk-, und ‚turkmenische' Sprache bedeuten; ‚tat., ta. und t.' könnten ‚tatarische', ‚tadschikische' und ‚tarantschische' bedeuten, der Buchstabe ‚k' jedoch könnte sich auf eine ganze Reihe an Dialekten des Krajs beziehen: ‚kirgisisch, kirgis-kasachisch, kurama, kiptschakisch, kaschgarisch, karakalpakisch' usw. (‚s.' bedeutet ‚sartische' Sprache).[160]

Maße an den lokalen Präferenzen und behielten sich das Recht vor, die Namen dieser oder jener Narodnost' auszuwählen.

[159] *Pervaja Vseobščaja perepis' naselenija Rossijskoj imperii 1897 g. T.LXXXIII Samarkandskaja Oblast'*, SPb. 1905, S. 48f.; *Pervaja Vseobščaja perepis' naselenija Rossijskoj imperii 1897 g.T. LXXXVI Sydar'inskaja Oblast'*, SPb. 1905, S. 56f.; *Pervaja Vseobščaja perepis' naselenija Rossijskoj imperii 1897 g. T.LXXXIX Ferganskaja Oblast'*, SPb. 1904, S. 60f.

[160] *Obščij svod po imperii rezul'tatov razrabotki dannych Pervoj vseobščej perepisi naselenija, proizvedennoj 28 janvarja 1897 goda*, T.2, SPb. 1905, S. i-ii.

Im Ergebnis

blieb einem dann beim Erstellen einer allumfassenden Tabelle nichts anderes übrig, außer aus ähnlichen Teilen der eingeborenen Bevölkerung Mittelasiens, die zum größten Teil einem Turkstamm angehört (teilweise auch den Tadschiken) eine ‚turkophone, dialektal nicht weiter aufgegliederte' Sammelgruppe zu machen.[161]

So konnte nicht eine der „Narodnosti", welche nach der Volkszählung der mittelasiatischen Bevölkerung mittels des Kriteriums der „Muttersprache" definiert wurden, einer Überprüfung auf Übereinstimmung mit der Realität standhalten. Sowohl die „Sarten" als auch die „Usbeken", die „dialektal nicht kategorisierten Turkstämme" und andere Kategorien in dieser ethnographischen Klassifikation, waren die Früchte wissenschaftlicher Einbildungskraft und bürokratischer Manipulation. Das sprachliche Merkmal hatte sich als Mittel zur Bestimmung von Nacional´nost´ in der Sache als wenig effektiv erwiesen.

---

[161] Ebd., II. Aus Paradoxen, wie sie sich in der ersten gesamtrussischen Volkszählung ergaben, entstand 1897 eine eigentümliche Art von Datenkorrektur. So schrieb Konstantin K. Palen in der Beilage zum „Otčet" des Vorsitzenden der ordentlichen Revision des Turkestanischen Kraj über die Unzulänglichkeiten der Volkszählung nach „Sprache": „Überhaupt muss angemerkt werden, dass in Turkestan die Muttersprache nicht immer als Merkmal zur Klärung der ethnographischen Zusammensetzung der Bevölkerung dienen kann" (Palen, Konstantin K., *Materialy k charakteristike narodnogo chozjajstva v Turkestane, Čast´ 1, Otd.1, Priloženie k otčetu po revizii Turkestanskogo kraja, proizvedennoj po Vysočajšemu poveleniju Senatorom Gofmejsterom Grafom K.K. Palenom*, SPb. 1911, S. 62). Palen beispielsweise hielt die interne Aufteilung der großen Gruppe „turko-tatarischer Sprachen" für problematisch und schlug stattdessen vor, wobei er sich auf „Gutachtermeinungen" stützte, sie auf solche Gruppen aufzuteilen, die außer Frage standen. Diese Tradition wurde auch zu sowjetischer Zeit fortgesetzt (Vgl.: Rachmatillaev, Chusniddin, „Dinamika ėtničeskoj struktury sel´skogo naselenija Ferganskoj doliny", in: *Rasy i narody, Vyp.18*, M. 1988, S. 143-159; Rachmatillaev, Chusniddin, „Specifika v dinamike ėtničeskoj struktury gorodskogo i sel´skogo naselenija (na primere uzbekskoj časti Ferganskoj doliny)", in: *Ėtnografija, antropologija i smežnye discipliny: sootnošenie predmeta i metodov*, M. 1989).

Die Sarten und die ethnographischen Klassifikationen in der laufenden Statistik

Die Volkszählung von 1897 förderte die Entstehung einer, ihrem Wesen nach, „doppelten Buchführung" bezüglich der mittelasiatischen „Völker". Einige Verfasser – insbesondere diejenigen, die nicht zu den „Turkestanern" gehörten – bevorzugten die Ergebnisse der Volkszählung, wobei sie sich, wie ersichtlich ist, auf ein administrativ hohes Niveau und die Legitimität einer gebräuchlichen Klassifikation stützten. Andere verwendeten das Material laufender Statistik und jene Klassifikationsmethoden, die einheimische Beamte und Gelehrte entwickelt hatten.[162] Zwischen den beiden Quellen lagen Welten, sowohl was die Liste der entdeckten Völker, als auch was deren zahlenmäßige Erscheinung anbelangte.

Was machte diese laufende Statistik aus? In jeder Sel'skoe Obščestvo – der kleinsten Verwaltungseinheit – gab es Verzeichnisse der Hausbesitzer, und die „eingeboren" Ältesten und Aksakaly waren dazu verpflichtet, über Verstorbene, Geborene, Abgereiste und Ankömmlinge Buch zu führen. In der Praxis wurde natürlich „nach Augenmaß" Buch geführt; sehr unregelmäßig und ungenau.[163] Nichtsdestotrotz wurden diese Angaben dem „eingeborenen" Vorsteher des Volost' übergeben. Dieser wiederum leitete sie in einer Zusammenfassung an den Vorsteher des Uezd und den Reviervorsteher, die russische Beamte waren, weiter. Unter deren Führung befanden sich die Volosti und Sel'skie Obščestva. Von letzteren gelangten die Angaben in die Verwaltung der Oblasti (und in das statistische Komitee der Oblasti). Nachdem sie hier gebündelt wurden, übergab man sie als „höchstuntergebene Berichte" von den Generalgouverneuren an den Zaren. Kopien der Berichte gingen an die zentralen Organe des Kriegsministeriums, des Innenministeriums (zu dem auch das Zentrale Statistikkomitee zählte) usw. Da die Ausgangszahlen bei allen Beamten große Zweifel hervorriefen, erfolgte auf allen Ebenen eine Überarbeitung und Korrektur der Angaben. Dabei wurden verschiedene Überlegungen berücksichtigt.

Grundlegend waren in dieser Kette diejenigen Angaben, die von den Statistikkomitees der Oblasti gesammelt und ausgewertet wurden. Die Statistikkomitees hatten dabei das Recht, eigenständig die Methode der Auszählung zu bestimmen. Diese Angaben wurden regelmäßig publiziert.

---

[162] Ein gewisses Misstrauen gegenüber der laufenden Statistik hielt sich auch noch in der sowjetischen Geschichtsschreibung.

[163] Vgl. Kiseljov, V., „Demografičeskaja statistika v kolonial'nom Turkestane vo vtoroj polovine XIX veka", in: *O'zbekiston tarixi, Nr. 1*, 2002, S. 11-18.

Ich ziehe als Beispiel die Tätigkeit des Statistikkomitees der Ferghana Oblast´ heran. Eine der ersten Veröffentlichungen war der *Obzor Ferganskoj oblasti za 1888 god* [Überblick zum Ferganer Gebiet aus dem Jahr 1888], in der eine Klassifikation der einheimischen Narodnosti, versehen mit einer Anmerkung über deren genaue Anzahl, aufgeführt wird.[164] Beginnend mit dem Jahre 1890 erschienen die *Obzory Ferganskoj oblasti* [Überblicke zum Ferganer Gebiet] jährlich, aber irgendwelche genaueren Angaben über die nationale Zusammensetzung der Bevölkerung wurden in ihnen nicht veröffentlicht. In den *Obzory* wurden nur die allgemeinen Angaben über die wichtigsten ethnographischen, im Ferghana Becken siedelnden Gruppen wiederholt. Im *Obzor* des Jahres 1894 heißt es beispielsweise:

> In ethnographischer Hinsicht kann man die Ferghana Oblast´ [...] in drei Zonen einteilen. Das Tal ist von Sarten besiedelt – ein Volk türkischer Abstammung [...]. Im Vorgebirge und in den Bergen wohnen Kirgisen [...]. Den dritten Landstrich schließlich besiedeln die Tadschiken, die das Pamirhochland bewohnen [...]. Eine kleine Anzahl von Kirgisen und Tadschiken wohnt auch im Tal inmitten von Sarten.[165]

Im *Obzor* von 1898 wurden kurz die wichtigsten Narodnosti des Ferghanatals aufgezählt. Es wird darauf verwiesen, dass

> die Sarten, die den wichtigsten Teil der Bevölkerung im Ferghanatal ausmachen, offensichtlich aus der Vermischung der Usbeken und anderer Narodnosti sowohl untereinander als auch mit den Ureinwohnern des Landes, hervorgegangen sind.[166]

Die Verfasser des *Obzor* aus dem Jahre 1899 ließen sich auf eine Polemik über die von N. A. Aristov vorgegebene Definition der Sarten ein. In Aristovs Vorschlag, die sesshaften Turkstämmigen und turkisierten Eingeborenen, die ihre tribalen Lebensgewohnheiten aufgegeben hatten, als Sarten zu bezeichnen,

---

[164] *Obzor Ferganskoj oblasti za 1888 god*. Novyj Margelan, o. D., S. 13. Es ist interessant, dass in diesem „Obzor" die Sarten und Usbeken einer Kategorie angehörten und beide mit nur einer gemeinsamen Bevölkerungsziffer angegeben waren.

[165] *Obzor Ferganskoj oblasti za 1894 god*. Novyj Margelan, 1896, S. 6f.

[166] *Obzor Ferganskoj oblasti za 1898 god*. Novyj Margelan, 1900, S. 13f.

sahen sie den Versuch, die sesshaften Tadschiken, Türk, „die Mischung aus Turkstämmen untereinander", Araber und sogar Juden unter dem Begriff der Sarten einzuordnen:

> Im Übrigen unterscheiden sich alle diese Narodnosti von den Sarten, und die Sarten selbst grenzen sich von allen übrigen Narodnosti des Ferghanatals ab.[167]

Die Verfasser des *Obzor* beharrten vor allem darauf, die Sarten müssten von den mongolischen Stämmen abgegrenzt werden, und bei ihnen dürfte der bedeutende arische Anteil nicht übersehen werden:

> Dem äußerlichen Erscheinungsbild nach kann man viele der Sarten eher für Russen halten als für Asiaten. In „geistig-moralischer Hinsicht", kommen sie den Europäern näher als den Asiaten bzw. den Mongolen.[168]

Während der 1890er Jahre führte das Statistikkomitee der Oblast´ Jahr für Jahr und parallel zur Erfassung der Grund- und Bodensteuer im Ferghanabecken eine eigene Einwohnerbefragung zur Stammeszugehörigkeit durch.[169] Die Ergebnisse dieser Befragung wurden mit einer Aufteilung in Uezdy erstmalig im *Statističeskij obzor Ferganskoj oblasti* [Statistischer Überblick zum Ferghana Oblast´] im Jahre 1904 publik gemacht. Danach wurden sie mit einigen Korrekturen in allen verbleibenden *Statističeskie obzory* bis zum Jahre 1914 jährlich veröffentlicht.[170] In den Sammelbänden 1904-1906 wurden die Tabellen mit der Zusammensetzung der Bevölkerung *„ethnographische Aufteilung"* genannt. In allen folgenden – *„nationale Aufteilung"*.

Die statistischen Tabellen sind als spezifisches Beschreibungs- und Klassifikationsgenre u.a. darin zu unterscheiden, dass in die Erörterung ein zusätzliches, quantitatives Merkmal eingeführt wurde. Es war nicht nur wichtig, wen man zur eigenständigen Narodnost´ bestimmte, sondern auch, wieviele Ver-

---

[167] *Obzor Ferganskoj oblasti za 1899 god.* Novyj Margelan, 1901, S. 69f.

[168] Ebd., S. 70.

[169] Darum geht es im „Obzor" von 1899. Im „Obzor" selbst wurden nur die Daten zum Uezd von Margelan veröffentlicht.

[170] In den Jahren 1901-1903 gab das Ferghana Statistikkomitee den Sammelband unter dem Namen „Ežegodnik Ferganskoj oblasti" heraus.

treter dieser Narodnost' in der betreffenden Region lebten. Indem die Stärke des einen oder anderen Stammes festgehalten wurde, verwiesen die Verfasser der Tabellen auch auf dessen „Gewicht".
Entsprechend der Daten aus der laufenden Statistik der Ferghana Oblast' bestand die Bevölkerung zu zwei Dritteln aus Sarten. Die größte Gruppe nach ihnen waren die Kirgisen. Dann kamen die Karakirgisen, die Tadschiken und die Usbeken. Alle übrigen Gruppen zählten weniger als 100.000 Menschen.
In quantitativer Hinsicht machten die meisten Gruppen von einem *Statističeskij Obzor* zum anderen interessante Metamorphosen durch. So erhöhte sich beispielsweise die Anzahl (1.086.000) der Sarten von 1904 um 100.000 zum Jahr 1905 (gleichbedeutend mit einem Anstieg um 9%). Im Jahre 1906 stieg die Zahl um 8% gegenüber 1905, also um beinahe 80.000 Menschen. 1907 hingegen fiel die Zahl im Vergleich zum vorhergehenden Jahr um 55.000 (4%). Im Jahre 1908 vergrößerte sich die Anzahl der Sarten wieder um 75.000. Indessen wuchs die Bevölkerungszahl 1909 weiter um 20.000 und dann jährlich um 20-40.000. 1914 lebten im Ferghanabecken 1.371.000 Sarten.
Im Jahre 1904 gab es beinahe 159.000 Usbeken. 1905 verringerte sich ihre Stärke im Vergleich zum Vorjahr um 50.000 (30%). Im Jahre 1906 kam es zum „dramatischen" Abfall um weitere 80.000 (beinahe 80%). Bis 1909 sank die Zahl der Usbeken ein wenig weiter, dann aber begann sie erneut zu steigen: Im Jahre 1910 um 3.000 (ca. 17%), im Jahre 1911 um 13.000 (ca. 50%). 1913 und 1914 verschwanden die Usbeken aus der Zählung.
Die Zahl der Tadschiken wuchs insgesamt konstant. Im Jahre 1904 waren es etwa 107.000. 1914 zählten sie schon etwas mehr als 155.000. Die Zahl der Tadschiken fiel nur 1905 und 1908. Im Jahre 1914 jedoch stieg sie auf einmal um 20% an.
Diese ganzen Schwankungen sagen natürlich nichts über die längerfristigen Entwicklungen aus. So ist nicht zu erwarten, dass die Geburtenrate bei den Sarten und Tadschiken in irgendeinem Jahr plötzlich in die Höhe geschnellt sei, oder dass die Usbeken allesamt das Ferghanabecken verließen. Eher verhielt sich die Sache wohl so: Irgendein Beamter entdeckte plötzlich, dass diejenigen, die er für Sarten gehalten hatte, noch die Eigenbezeichnung „Tadschiken" tragen. Oder: Der eine oder andere Beamte beschloss, dass von heute an alle, die sich selbst Usbeken nennen oder sich zu diesen zählten, sich Sarten zu nennen hätten. Sowohl die Zahlen als auch die Nomenklatur von den Völkern waren somit Gegenstand von Manipulationen.
Im Jahre 1909 brachte das Statistikkomitee der Oblast' den *Spisok naselennych mest Ferganskoj oblasti* [Verzeichnis besiedelter Orte im Ferganer Gebiet] heraus, welcher die „dominierende Nacional'nost'" für jede einzelne Siedlung be-

stimmte.[171] Der *Spisok* brachte Licht in die Frage, welche Besonderheiten das Berechnungsverfahren der Narodnosti hatten. Er führt einem anschaulich jene Unbestimmtheit vor Augen, mit der die Volkszugehörigkeit einzelner Bevölkerungsgruppen in Ferghana zu kämpfen hatte. In den *Statističeskie obzory* ist diese Unbestimmtheit kaum noch wahrnehmbar. Inmitten der „dominierenden" Gruppen werden die Sarten, Tadschiken und Kirgisen,[172] Kiptschaken, Karakalpaken, Kurama, Usbeken, Türk, Kaschgaren, Zigeuner, Juz, Kalmücken und Araber erwähnt. Indessen werden unabhängig von den Kirgisen auch „nomadische Kirgisen", „Kirgisen-Naiguten", „Kasachen" (deren Name in Klammer gestellt ist) und sogar einfach „Nomaden" erwähnt.[173] Die „Turki" werden losgelöst von den „Türk" aufgezählt, was die Frage aufwirft, ob es sich um ein und dieselbe Gruppe handelt oder um zwei verschiedene. Schließlich konnten die Statistiker bei einer gewissen, sehr geringen Anzahl an Siedlungen die „Usbeken" nicht mehr von den „Sarten" unterscheiden und verliehen ihnen die Doppelbezeichnung „Sarten (Usbeken)" oder „sartische Usbeken".[174]

Dies alles sind natürlich Einzelfälle, da die Statistiker während der Überarbeitung der eingegangenen Daten zweifellos eine Vereinheitlichung der Bezeichnungen vorgenommen hatten. Aber das Fehlen von Übersichtstabellen im *Spisok*, die eine noch starrere Klassifikationsmethode verlangt hätten, war offensichtlich verantwortlich dafür, dass zufällig Rohdaten und unbearbeitetes Material, mit dem es die Statistiker zu Beginn der Ermittlung der Werte zu tun hatten, in den Text Eingang gefunden haben.

Worin lag die Spezifik der laufenden Statistik im Vergleich zu den Volkszählungen? Ich habe als Beispiel die Tätigkeit des Statistikkomitees der Ferghana Oblast' angeführt. Andere vergleichbare Komitees, der Samarkander, Syr Darja, Semirečenskjer und Zakaspiskjer Oblast', als auch das Statistikkomitee des Turkestanischen Krajs hatten ihre eigene Sicht auf die ethnographische Klassifikation. Sie erarbeiteten sich ihre eigenen Kriterien zur Bestimmung der „Nacional'nosti". Kaum jemand bemühte sich darum, seine Anschauungen mit den

---

[171] *Spisok naselennych mest Ferganskoj oblasti*, Skobelev 1909, S. i. Tatsächlich konnte diejenige Gruppe „dominierenen", die 30-40% der Einwohner stellte.

[172] Die zusammenfassenden Tabellen im „Statističeskij obzor Ferganskoj oblasti" unterschieden zwei Gruppen, die Kirgisen und die Karakirgisen. Indessen ist die Frage danach, wie sie unterschieden werden, eine eigene Untersuchung wert.

[173] *Spisok naselennych mest Ferganskoj oblasti* Skobelev 1909, S. 116, S. 124.

[174] Ebd., S. 18, S. 130, S. 131.

Prinzipien seiner Kollegen aus den benachbarten Oblasti des Turkestanischen Krajs oder mit den höhergestellten Organen in Übereinstimmung zu bringen. Die Vielfältigkeit der Zentren zur Ausarbeitung einer ethnographischen Nomenklatur – sowohl in horizontaler, als auch in vertikaler Ausrichtung – prägten die russischen, kolonialen Kenntnisse von Mittelasien in einem kaum gekannten Ausmaß.

Eine weitere Besonderheit der laufenden Statistik, zu der ich etwas sagen möchte, ist die Tendenz, die ethnographischen Kategorien weiter aufzuschlüsseln, deren Zahl zu erhöhen und alle neuen Gruppen, die sich im einen oder anderen Umfang vom „*Idealtypus*" der wichtigsten Narodnosti unterschieden – und seien sie noch so klein – aus dem Verbund der großen Gesellschaftsgruppen herauszulösen. Während die Volkszählung von 1897 für die Ferghana Oblast´ noch alles in allem acht „eingeborene" Narodnosti nannte,[175] so bezifferte die laufende Statistik in den verschiedenen Jahren sie auf zwischen 13 und 17. Die einheimischen Statistiker waren sensibler im Umgang auch mit den kleinsten sprachlichen Nuancen, den Lebensweisen und dem Selbstbewusstsein. Sie waren nicht dogmatisch darum bemüht, die Bahnen theoretischer Vorschriften im Hinblick auf die „entscheidenden" und „sekundären" Merkmale eines Volkes zu befolgen. Während jedoch die Ausarbeitungen im Rahmen der Volkszählung in ihrem Streben nach einer Einteilung der Stämme auf „Typen", mit Angaben schon sehr beliebig verfuhren, so räumten sich die Statistiker der Gebietskomitees recht großzügig und willkürlich das Recht ein, einmal Stämme zu „kreieren" und ein anderes Mal „auszulöschen".

„Die Sartenproblematik" zu Beginn des 20. Jahrhunderts

Zu Beginn des 20. Jahrhunderts war die Frage nach den Sarten in dem Sinne an einem toten Punkt angelangt, als dass sie als ein ungelöstes, ja möglicherweise ein im Grunde genommen unlösbares Problem galt. Die Untersuchungen und Erörterungen der 1880-90er Jahre förderten praktisch das gesamte Spektrum möglicher Auffassungen und die ganze Palette verschiedener Argumente zugunsten dieses oder jenes Standpunktes zutage. Aber keine Auffassung konnte sich als führende durchsetzen. Es ergab sich die Situation, dass gleichzeitig verschiedenste Ansichten in dem sich hinziehenden Streit koexistierten, im Umlauf waren und beständig wieder aufgegriffen wurden.

---

[175] Ich beziehe hier die Juden, Tataren, Armenier, Russen und andere nicht mit ein.

Ich werde dies anhand einiger der bemerkenswertesten Arbeiten zu zeigen versuchen, die sich längere Zeit mit der Sartenproblematik beschäftigt haben. Von den jüngeren Forschern verdient P.E. Kuznecov besondere Beachtung. In seinem Artikel *O tadžikach Taškentskogo uezda* [Über die Tadschiken des Taschkenter Uezd] (1900) berichtet er, dass auf einer Vorstandssitzung der turkestanischen Abteilung der geographischen Gesellschaft des Russischen Reiches das Mitglied N. G. Mallickij am 13. Januar 1900 vorschlug, die tadschikische Bevölkerung des Taschkenter Uezd „in seiner Funktion als Vorposten des iranischen Volksstammes im Nordosten" zu erforschen.

> Nach den persönlichen Beobachtungen N. G. Mallickijs sartisieren sich die in der Hochebene des Taschkenter Uezd heutzutage lebenden Tadschiken schnell. Zu einer Zeit, da die konservativsten Elemente der Bevölkerung, Frauen und alte Menschen, die tadschikische Sprache noch pflegen, spricht ein großer Teil der Jugend eine Turksprache. ‚Vielleicht', sagte Mallickij, ‚ermöglicht die Untersuchung der tadschikischen Siedlungen im Taschkenter Uezd die Lösung der Frage nach den Ursprüngen der sartischen Narodnost'.[176]

Nach dieser Versammlung wurde Kuznecov in diesen Uezd entsandt. Als Fazit der Reise zog der junge Orientalist und Absolvent der Sorbonne folgende Schlüsse:

a. Die Taschkenter Tadschiken sprechen tatsächlich einen „persischen" Dialekt, aber gleichzeitig beherrschen sie nebenbei fließend das „Sartische (eine Turksprache)."
b. Die Taschkenter Tadschiken benutzen „die sartische Sprache im Alltag häufiger als ihre Muttersprache. Dieser Umstand dient als bester Parameter für die Sartisierung bei ihnen, welche unglaublich stark ist und mit gigantischen Schritten voranschreitet."
c. „Man kann mit Verlässlichkeit sagen, dass die Tadschiken in naher Zukunft ihre Muttersprache vergessen und ganz mit den Sarten verschmelzen werden."[177]

---

[176] Kuznecov, Pjotr E., „O tadžikach Taškentskogo uezda (kratkij otčet)", in: *Izvestija Turkestanskogo otdela IRGO*, T.2, Vyp. 2, Taškent 1900, S. 31.
[177] Ebd., S. 41.

Kuznecov nimmt gerade diejenigen Faktoren genauer in den Blick, welche sich als einflussreich für die Turkisierung der Tadschiken erweisen. Unter diesen befinden sich die geographischen Lage (die tadschikischen Siedlungen sind „unwesentliche" Inselchen inmitten eines Meeres an einer turkstämmigen Bevölkerung), die Sprache („das mächtigste Mittel zur Sartisierung der Tadschiken"[178]) und die Mischehen („Bei den Mischehen, angenommen der Tadschike nimmt sich eine Sartin zur Frau oder eine Tadschikin heiratet einen Sarten, wird natürlich das Sartische zur herrschenden Sprache in der Familie gemacht". Die Kinder kennen das Tadschikische bereits nicht mehr).[179] Interessant erscheint die Beobachtung Kuznecovs, dass „die Förderer der sartischen Sprache", gewöhnlich Tataren und Baschkiren, Übersetzer der russischen Behörden waren:[180]

> Bis zum Einmarsch der Russen war bei den „Eingeborenen" des Krajs Persisch die Amtssprache [...]. Die Übersetzer der russischen Verwaltung, die größtenteils dieser Sprache nicht mächtig waren, verlangten und verlangen jetzt noch [!!! – S. A.] sowohl von den Sarten als auch den Tadschiken, dass der öffentliche Dinge anbelangende Schriftverkehr mit den Behörden auf sartisch zu führen sei. Auf eben diese Weise wurde die sartische Sprache schrittweise zur Amtssprache unter den Eingeborenen und heutzutage verfassen die Mirza-Tadschiken[181] eifrigst sogar jene Dokumente auf sartisch, welche nicht in die russischen Kanzleien gelangen.[182]

Kuznecov spricht in diesem Zuge auch von jener Leichtigkeit, mit der die Tadschiken selbst eine neue Sprache annähmen. Er schreibt von deren „Nachgiebigkeit" „allem Fremden gegenüber":

---

[178] Ebd., S. 45.

[179] Ebd., S. 46.

[180] Ich selbst rechne auch die Kasachen hinzu. Rufen wir uns S.-A. Lapin ins Gedächtnis zurück.

[181] Mirza ist in dem beschriebenen Fall ein „Schreiber", der Assistent eines „eingeborenen" Volostverwalters.

[182] Kuznecov, Pjotr E., „O tadžikach Taškentskogo uezda (kratkij otčet)", in: *Izvestija Turkestanskogo otdela IRGO, T.2, Vyp. 2*, Taškent 1900, S. 46f.

> Wenn sich unter zehn Tadschiken nur ein Sarte oder Kirgise befindet, so wird das Gespräch ganz gewiss auf sartisch geführt.[183]

Kuznecov bemerkt dazu an anderer Stelle:

> Die Tadschiken verhalten sich der Tatsache gegenüber, dass sie sich zu Sarten wandeln, völlig gleichgültig. Es scheint mir sogar, dass ihnen der Wandel gelegen kommt, weil sie, nachdem sie sich zu Sarten gemacht haben, den schändlichen Spitznamen „Sklave" loswerden [...], der ihnen von den Türk gegeben wurde.[184]

Der Verfasser kommt abschließend zu der Überzeugung:

> Viele Tadschiken „wollten mir gegenüber ihren tadschikischen Ursprung nicht zu erkennen geben.[185]

In den Artikeln über die Tadschiken Namangans und Kokands (von 1915 und 1916) nimmt Kuznecov seine alten Thesen in Anwendung auf neue Regionen wieder auf.[186] Alle diese Untersuchungen zeigen, dass die Frage nach der tadschikischen Herkunft der Sarten und den tadschikischen Wurzeln der Sarten wie eh und je auf dem Feld wissenschaftlicher Betrachtung präsent war. Mehr noch: Kuznecov bewies mit seinen unbefangenen Forschungen, dass der Umwandlungsprozess von Tadschiken in Sarten noch nicht Geschichte war, sondern einen großen Aktualitätsbezug besitzt. D.h. er vollzieht sich vor den Augen der Russen und diese tragen möglicherweise sogar zu diesem bei.

---

[183] Ebd., S. 47.

[184] Ebd., S. 47.

[185] Ebd., S. 48.

[186] Vgl.: Kuznecov, Pjotr E., „O tadžikach Namanganskogo uezda (kratkij otčet)", in: *Izvestija Turkestanskogo otdela IRGO, T.9, Vyp.2, Čast' 1*, Taškent 1915; Kuznecov, Pjotr E., „O tadžikach Kokandskogo uezda (kratkij otčet)", in: *Izvestija Turkestanskogo otdela IRGO, T.12, Vyp. 2*, Taškent 1916. Zu jener Zeit gab Kuznecov auch ein Buch auf Französisch heraus, welches er mit „Der Kampf von Zivilisationen und Sprachen in Mittelasien" betitelte. Vgl.: Kouznietsov, Pierre, *La lutte des civilisations et des langues dans l'Asie Centrale*, Paris 1912.

Eine gänzlich andere Tendenz zeigt sich in dem 1904 vom Taschkenter Arzt A. Šišov herausgegebenen Buch *Sarty* [Die Sarten] (1904).[187] Der Verfasser konstatiert beim Sammeln und Kompilieren von Materialien, die zur Klärung der Fragen nach der „kulturellen, völkischen Zugehörigkeit der Sarten" beitragen soll, vor allem deren Nähe zu den Usbeken und stellt sie den Tadschiken gegenüber. Šišov schreibt:

> Wie die ethnographische Zukunft der Usbeken der Samarkander Oblast' und der Khanate [Buchara und Chiwa], denen wahrscheinlich eine ethnische Vereinigung mit den Sarten des Gebiets am Syr Darja und des Ferghanabeckens bevorsteht, auch aussehen mag, muss man infolge der Isolierung der Ersteren (und sei es nur dem Namen nach) jene turksprachige Volksgruppen des Syr Darja und Ferghana Oblast' als Sarten bezeichnen, die sesshaft wurden und ihre nomadische Lebensweise und Nachnamen verloren haben.[188]

Das heißt, Usbeken und Sarten seien schon jetzt eine Gemeinschaft, die (vorübergehend!) nur noch die verschiedenen Namen voneinander trennen. Diese Gemeinschaft etwa werde, wie er vermutet, schließlich die Bezeichnung Sarten annehmen.

Der eigentliche Beitrag Šišovs zum Thema Sarten sind seine professionellen, anthropologischen, Untersuchungen in Taschkent. Šišov gelangte durch diese zu dem Schluss, die Sarten gehören ihrem äußeren Erscheinungsbild nach zu den Mongolen und nicht zu den Ariern:

> Die anthropologische Untersuchung schuf, so hoffe ich, die Grundlage dafür, den Schluss ziehen zu können, dass die Taschkenter Sarten der mongolischen Rasse angehören. Wenn auch etwas iranisches Blut im Spiel ist, so ist es doch ein recht unbedeutender und durch die fortdauernden Überlagerungen des Mongolentums unterdrückter, beinahe nicht mehr wahrnehmbarer Anteil. Heutzutage ist ein Einfluss der benachbarten, iranischen Tadschiken auf die Sarten infolge der überaus heftigen religiösen Unstimmigkeiten zwischen sartischen Sun-

---

[187] Šišov, A., *Sarty. Ètnografičeskoe i antropologičeskoe issledovanie, Čast' 1, Ètnografija*, Taškent 1904 (In der Serie: Sbornik materialov dlja statistiki Syr-Dar'inskoj oblasti, Kn. 11).
[188] Ebd., S. 97.

niten und tadschikischen Schiiten kaum noch möglich. Die Zugehörigkeit der Sarten zur mongolischen Rasse liefert auch eine Erklärung dafür, dass die Sarten einen čagataischen Dialekt des Turki sprechen.[189]

In den Überlegungen Šišovs kann noch ein weiterer Punkt von Interesse sein. Indem er nämlich Sarten und Tadschiken einander gegenüberstellt, engt er bewusst die Bedeutung des Begriffs „Tadschike" ein und belässt unter ihm nur die iranisch sprechende Bevölkerung der Bergregionen Mittelasiens (möglicherweise darüber hinaus noch die Nachfolger der Sklaven aus Persien). Diese Sichtweise wird im zweiten Buch Šišovs *Tadžiki* [Die Tadschiken] (1910) noch weiterentwickelt, in dem sich der Verfasser unter dem Aspekt der Beschreibung von Kultur und Lebensgewohnheiten überwiegend den Bergregionen (Darvaz, Karategin, dem Oberlauf des Seravschan, dem westlichen Pamir und dem Hochland des Hindukusch) zuwendet.[190] Selbst die Tatsache, dass Šišov nach *Sarty* [Die Sarten] das Buch *Tadžiki* [Die Tadschiken] herausgibt, zieht die Aufmerksamkeit auf sich, wodurch die Polarität dieser Völker noch betont wird.

Die bei der Umfrage aufgekommene Unsicherheit, ob die Sarten zu den Tadschiken gehören oder zu den Usbeken, sind auch am Beispiel anderer Arbeiten nachzuvollziehen.

So schrieb M. V. Lavrov in seinem als Lehrwerk empfohlenen Buch *Turkestan* (erste Ausgabe: 1914, zweite Ausgabe: 1916), die Sarten seien „aus einer Verschmelzung von Ariern und Turkmongolen hervorgegangen." Diese sind aber ihrem Ursprung nach „im Gegensatz zu den Tadschiken, die von Iranern abstammen und einen türkischen Anteil haben, Türk mit einem iranischen Anteil."[191] Ein anderer Verfasser, I.I. Gejer, behauptete in seinem Buch *Putevoditel' po Turkestanu* [Reiseführer durch Turkestan] (1901) genau das Gegenteil: Die

---

[189] Ebd., S. iv.

[190] Šišov, A., *Tadžiki. Ètnografičeskoe i antropologičeskoe issledovanie, Čast' 1, Ètnografija*, Taškent 1910. U.a. schrieb Šišov, dass „sich die Tadschiken zur mohammedanischen Religion schiitischer Ausprägung bekennen", wobei er die Tadschiken und Schiiten, die Schiiten und Ismailiten und letzten Endes die Tadschiken inklusive der Darvazcer, Karategincer und anderen mit den Narodnosti des Pamir, die in ihren eigenen Sprachen kommunizierten, gleichsetzte (ebd., S. 245). Diese Verwirrung war typisch für viele, die über Mittelasien geschrieben haben.

[191] Lavrov, M.V., *Turkestan. Geografija i istorija kraja*, M. 1914, S. 34; Lavrov, M.V., *Turkestan. Geografija i istorija kraja, 2-e izd.*, M./ Pg. 1916, S. 40f.

Frage nach der „Genealogie" der Sarten sei in der Wissenschaft noch nicht geklärt, jedoch herrsche die „Annahme" vor, dass „dieser Stamm aus einer Mischung der Ureinwohner des Landes, den Tadschiken, mit den Eroberern, den Usbeken, hervorging", und in ihrem Blut die „iranischen Eigenschaften" überwiegen würden.[192] Schließlich brachten zwei weitere Verfasser – M. A. Miropiev und V. I. Masal´skij –, so scheint es, vollends durcheinander, wer die Sarten überhaupt seien. Miropiev schreibt: Die Sarten seien „eine Mischung von Ariern mit Türk, wobei der türkische Anteil bei weitem dominiere." Jedoch gebe es zwischen Sarten und Tadschiken „derart viele gemeinsame Charakterzüge, dass es möglich ist, obgleich man zugeben muss, dass es unwissenschaftlich ist [! – S. A.], sie als zusammengehörig zu betrachten."[193] Masal´skij der „völlig zu Unrecht" meinte, jeden sesshaften Eingeborenen als Sarten bezeichnen zu können, schließt seine Abhandlung mit den Worten, diese Bezeichnung habe „nicht so sehr eine ethnische als vielmehr eine die Lebensgewohnheiten betreffende Bedeutung". Weiter spricht er ohne jegliche Verlegenheit von den Sarten als einer „gemischten Narodnost´" mit einem großen Anteil „iranischen Blutes".[194]

Anlässlich der „Sartenproblematik" herrschte unter den anerkannten Fachleuten, die sich mit der mittelasiatischen Gesellschaft befassten, allgemeine Verwirrung. In den neuen Arbeiten begannen sie, mit Umschweifen zu reden und ihre Behauptungen manchmal auch doppeldeutig zu formulieren.

N. A. Ostroumov gab in der dritten (und letzten) Ausgabe seines Buches *Sarty* [Die Sarten] (1908)[195] detailliert den Inhalt der Auseinandersetzung zwischen

---

[192] Gejer, Ivan I., *Putevoditel´ po Turkestanu*, Taškent 1901, S. 7. In der neuen Ausgabe mit dem Titel „Ves´ Russkij Turkestan" [Ganz Russisch-Turkestan] (1908) äußerte sich Gejer ein wenig anders: „Es ist unzweifelhaft, dass sie [d.i. die Sarten – S. A.] zur turkiranischen Rasse gehören", wobei sich, ungeachtet „der Ähnlichkeit untereinander, Tadschiken und Sarten in vielem voneinander unterscheiden" (Gejer, Ivan I., *Ves´ Russkij Turkestan*, Taškent 1908, S. 31). In dem letzten Buch des damals bereits verstorbenen Gejer „Turkestan" (1909) ist der Satz, dass Sarten und Tadschiken „sich voneinander unterscheiden", verschwunden (Gejer, Ivan I., *Turkestan*, Taškent 1909, S. 44f.).

[193] Miropiev, M.A., *O položenii russkich inorodcev*, SPb. 1901, S. 367.

[194] Masal´skij, Vladislav I., *Turkestanskij kraj*, SPb. 1913, S. 393.

[195] Ostroumov, Nikolaj P., *Sarty: Ètnografičeskie materialy (obščij očerk)*, Taškent 1908, S. 53-91. Die dritte Ausgabe gab grundsätzlich die Inhalte der ersten Ausgabe wieder. Ostroumov erweiterte das Kapitel „Obščaja charakteristika sartov" [Allgemeine Charakteristik der Sarten], indem er genauere Angaben zum äußeren Erscheinungsbild der Sarten an den Anfang stellte (vorher begann das Kapitel mit einer Beschreibung

Bartol'd und Lapin wieder, indem er beide umfangreich zitierte.[196] Ostroumov stand klar auf Bartol'ds Seite, konnte jedoch die Auffassung Lapins nicht einfach ignorieren. Der Verfasser der *Sarty* sah sich sogar dazu veranlasst, die Nähe zwischen Sarten und Usbeken anzuerkennen, was aus der folgenden Passage deutlich zu entnehmen ist:

> Die Adern der sartischen Bevölkerung der Stadt Taschkent sind voll des Blutes von Turkstämmen, insbesondere der Usbeken.[197]

Jedoch erlaubte sich Ostoumov auch eine beißende Kritik an der Position Lapins:

> Es ist nicht möglich, die neu-usbekische Sprache anstelle der sartischen Sprache einzuführen, wie Herr Lapin unlängst vorgeschlagen hat, weil einem Volk und der Wissenschaft derartige Bezeichnungen allein durch die Capricen eines Menschen nicht eingetrichtert werden können.[198]

Die Geschichte entwickelte sich jedoch, einer solchen Selbstsicherheit höhnend, anders als gedacht.
Im letzten Buch V. P. Nalivkins *Tuzemcy ran'še i teper'* [Die Eingeborenen einst und jetzt] (1913) nimmt er noch einmal seine frühere ethnographische Klassifikation der mittelasiatischen Narodnosti auf.[199] Trotz der Reminiszenzen gibt es in der neuen Fassung einige Modifikationen. Nun verteilen sich die Sarten, d.h. die sesshaften Einwohner, auf die sesshaften Türk (oder Usbeken) und die Tadschiken. Ich merke an dieser Stelle an, dass Nalivkin früher in eben diesem Kontext „Usbeken (oder Türk)" schrieb und damit der Status des Begriffs „Usbeke" in „Tuzemcy" [die Eingeborenen] sank. Änderungen vollzogen sich ebenso hinsichtlich der Bezeichnungen für die Nomaden, die der Verfasser vorher allesamt als Usbeken bezeichnet hatte. Dieses Mal jedoch verleiht er

---

von deren Psychologie). Ebenso ersetzte er den Aufruf zur „Aufklärung" am Ende des Kapitels durch den Aufruf nach „Bildung" für sie).

[196] Ebd., S. 38-44.
[197] Ebd., S. 56.
[198] Ebd., S. 51.
[199] Nalivkin, Vladimir P., *Tuzemcy ran'še i teper'*, Taškent 1913.

ihnen die allgemein bekannteren Termini „Kirgisen" und „Turkmongolen".[200] In das „ethnographische Konglomerat", wie er die Sarten bezeichnete, bezog er auch die einheimischen Araber, Juden, die den Islam angenommen hatten, die Zigeuner, sartisierte Tataren (Nogai) und die Perser mit ein.[201] Kann aber auf dieser Grundlage davon gesprochen werden, dass Nalivkin im letzten Buch darauf verzichtete, Sarten und Usbeken miteinander gleichzusetzen? Solche Schlüsse entbehren jeglicher Grundlage, obwohl natürlich Nalivkins Stil in seinem „Spätwerk" nicht so kategorisch war wie einst.[202] 1910 erschien in dem in Sankt-Petersburg erscheinenden angesehenen Journal Živaja starina [Lebendiges Altertum] ein Artikel des bekannten Orientalisten und Turkologen A. N. Samojlovič unter dem Titel K voprosu o sartach [Zur Sartenfrage], bei dem es sich um eine Rezension zur dritten Ausgabe von Ostroumovs Buch Sarty [Die Sarten] handelt.[203] Samojlovič, der selbst in Mittelasien war, versuchte, ein gewisses, allen Meinungen gemeinsames Ergebnis auszumachen und die verschiedenen Sichtweisen miteinander „zu versöhnen". Er stellte drei Fragen und gab auf alle eine Antwort. Auf die erste Frage „nach den allerersten Narodnosti und der Ursprache der Sarten (der historische Standpunkt)", antwortete Samojlovič, dass „die Vorfahren der heutigen Sarten dem Blut und der Sprache nach Iraner waren."[204] Auf die zweite Frage nach „der Narodnost´ und der Sprache der heutigen Sarten (aktueller Standpunkt)" antwortet er so:

> Die iranischen Sarten (auch die Tadschiken) vermischten sich – wenngleich nicht alle – schrittweise mit den zugewanderten

---

[200] Ebd., S. 7.

[201] Ebd., S. 5-6.

[202] Ein interessantes Detail: Nalivkin erlernte Zeit seiner gesamten Tätigkeit in Turkestan aktiv die lokalen Sprachen und gab entsprechende Lehrbücher und Wörterbücher heraus; die örtliche Variante des Turki-Dialekts wurde bei ihm immer als „sartische Sprache" bezeichnet. Die letzte unveröffentlichte Arbeit Nalivkins, an der er bis zu seinem tragischen Tod zu Beginn des Jahres 1918 arbeitete, trug den Titel „Russisch-Usbekisches Wörterbuch". Allerdings ist nicht klar, wann dieser Titel aufkam.

[203] Samojlovič, Aleksandr, „K voprosu o sartach", in: Živaja starina, Vyp. 3, SPb. 1910. Nebenbei bemerkt ist es interessant, dass er das Buch Ostroumovs als Arbeit einer „staatlichen Person" charakterisierte und nicht als die Arbeit eines „Ethnographen" (Ebd., S. 1).

[204] Ebd., S. 3.

Türken und änderten ihren Typus und ihre Sprache, obgleich sie ihre nicht-türkische Herkunft nicht völlig verloren.[205]

Auf die dritte Frage nach „dem Gebrauch des Wortes ‚Sarte' in einer anderen als der ethnischen Bedeutung" sieht die Antwortstrategie folgendermaßen aus: Heute benutze man den Terminus „Sarte" häufig in einer alltäglichen Bedeutung und meint damit nicht selten „einen Städter und Siedler, unabhängig von der Sprache, die die so bezeichnete Person spricht."[206]

Aus dem Gesagten zog der Petersburger Orientalist den Schluss:

> Eine neue allgemeine Lösung ist nicht abzusehen. Wenn es eine Lösung gibt, so verleiht sie nicht das Recht, wie schon V.V. Bartol'd sagte, den Gebrauch des Wortes ‚Sarte' als ethnischen und linguistischen Eigennamen völlig abzulehnen, obgleich es erforderlich ist, mit ihm behutsam umzugehen.[207]

Dabei hob er hervor, dass

> nicht jeder Mittelasiate, der sich selbst oder von anderen als Sarte bezeichnet wird, wirklich ein Sarte im ethnischen Sinne des Wortes ist. Dazu kommt, dass viele von denen, die von den

---

[205] Ebd., S. 3.

[206] Ebd., S. 4.

[207] Ebd., S. 5. Aleksandr Janovskij formulierte in seinem Artikel „Sarty" [Die Sarten] im Wörterbuch von Brockhaus und Ephron behutsam, dass Sarten ein „Name für die sesshaften Stadt- und Siedlungsbewohner des Syr-darja und von Teilen der Fergana und Samarkander Oblast' ist" (Janovskij, Aleksandr, „Sarty", in: Ènciklopedičeskij slovar', T. 28a, SPb. 1900, S. 449. In dem Artikel wird das Wort „Volk" oder „Narodnost'" nicht gebraucht, obgleich von den Sarten wie von einem „Typus" gesprochen wird. In demselben Lexikon wird unter dem Eintrag „Usbeken", der von dem bekannten sowjetischen Ethnographen und Sibirologen Lev Ja. Šternberg verfasst wurde, behauptet, dass die Usbeken von den Sarten „schwer zu unterscheiden" seien, dass die Sarten und Tadschiken, die „iranischstämmigen Urbewohner des Landes", sich mit den Usbeken vermischten, dass selbst der Name „Usbeke", mit dem sich die Kirgisen, Karakirgisen, Sarten und Tadschiken selbst bezeichneten, „seine rein-ethnographische Bedeutung verloren hat" (Šternberg, Lev Ja., „Uzbeki", in: Ènciklopedičeskij slovar', T. 34a, SPb. 1902, S. 608f.).

offiziellen russischen und einheimischen Dokumenten mit zu den Sarten gezählt werden, keine sein könnten.[208]

Die Sartenproblematik durch die Augen der „Eingeborenen"[209]

Im Jahre 1912 veröffentlichte M. F. Gavrilov, ein Schüler Samojlovičs, in einer Zeitungsnotiz *Proischoždenie slova „Sart'* [Der Ursprung des Wortes „Sarte"] in den *Turkestanskie vedomosti* [Turkestanische Mitteilungen]die Übersetzung von einem Brief des kokandischen Einwohners Muhammad-Amin Muhammad-Džanov aus der „Einheimischen"zeitung *Waqt* [Zeit], in dem den Herausgebern der Zeitung im Bezug auf den Umgang mit Tataren folgendes mitgeteilt wurde:

> Es sei nun allen bekannt, dass das Wort ‚Sarte' nicht der Name einer Nation ist, sondern uns von den Russen gegeben wurde und jeder Grundlage entbehrt.[210]

Der „Eingeborene" hielt es, indem er auf das Kränkende des Terminus „Sarte" hinwies, für unumgänglich, sein Volk als „Türk" zu bezeichnen. Gavrilov fasste zusammen: „Wahrlich das Schreiben entbehrt nicht des allseitigen Interesses". Auf diese Notiz reagierte Ostroumov sofort.[211] Er wiederholte die

---

[208] Ebd., S. 5. Am Ende seiner Rezension führte Samojlovič seine persönlichen Beobachtungen von einer Reise durch Mittelasien an. U.a. „bezweifelte er stark", dass das Wort „Sarte" heutzutage in Taschkent, Samarkand und Buchara „zur Bezeichnung eines Stammes und einer Sprache" verwendet würde (und stimmte damit Lapin zu). Jedoch hielt er sich selbst kategorisch für „berechtigt", die ethnische Bedeutung dieses Wortes im Khanat von Chiwa zu verteidigen (ebd., S. 5).

[209] Ich benutze das vorrevolutionäre Wort „Eingeborene" in einer neutralen Bedeutung für „einheimischer Bewohner", um die moderne ethnische Unterteilung zu vermeiden. In jener Zeit wurden sich die einheimischen Bewohner ihrer Einheit und ihre Gemeinschaft in wesentlich größerem Maße bewusst, als das heute der Fall ist. Zugleich erscheint es mir wichtig, den „Stil" der Sprache, wie sie in der russischen Gesellschaft der Jahrhundertwende vom 19. zum 20. Jahrhundert gesprochen wurde, wiederzugeben.

[210] Gavrilov, M., „Proischoždenie slova 'sart'", in: *TV, No. 236*, 20 oktjabrja (2 nojabrja) 1912.

[211] Ostroumov, Nikolaj, „Russkie ne vydumyvali slova 'sart'", in: *TV, No. 241*, 26 oktjabrja (8 nojabrja) 1912.

eigenen Schlussfolgerungen, die bisher schon des Öfteren veröffentlicht worden waren:

> Das Wort ‚Sarte' birgt nichts den Eingeborenen Kränkendes in sich, da es soviel wie Städter [...] oder Händler bedeutet.[212]

Die Russen „haben diesen Namen auch nicht erfunden, sondern fanden ihn bereits bei der Besetzung des Turkestanischen Krajs vor."[213] Ostroumov war strikt gegen die Bezeichnung „Türk" und mahnte bei den „Eingeborenen" an, dass sie ihre Individualität und ihre Unterschiede gegenüber den osmanischen Türken zu betonen hätten.[214]
Mit dieser Diskussion wurden zum zweiten Mal nach dem Streit zwischen Bartol'd und Lapin innerhalb der Auseinandersetzung russischer Ethnographen und Orientalisten „klare Worte" von den „Eingeborenen" selbst präsentiert. Dabei mischte sich die „Stimme des Eingeborenen" nicht selbst in den Streit ein, sondern wurde von einem russischen Forscher zitiert. Es lässt sich daran erkennen, dass auch früher die Gelehrten und Beamten des Reiches ständig in persönlichem Kontakt mit den intellektuellen „Eingeborenen" standen und sich mit ihnen über verschiedenste Fragen austauschten. Aber die „Eingeborenen" waren mit Ausnahme von Lapin in der öffentlichen, wissenschaftlichen Debatte nicht gleichberechtigt. Schuld an diesem Zustand war nicht nur die bewusst asymmetrisch gehaltene Position von Russen und „Eingeborenen", bei der erstere die Subjekte und letztere der Untersuchungsgegenstand der Lehre waren. In der „*Eingeborenengesellschaft*" selbst bestand nicht das Bedürfnis, in irgendeine intellektuelle Diskussion mit dem Reich zu treten. Diese Gesellschaft, aufgeteilt in lokale Gemeinschaften, lebte wie eh und je

---

[212] Gavrilov, M., „Proischoždenie slova 'sart'", in: *TV, No. 236*, 20 oktjabrja (2 nojabrja) 1912.

[213] Ebd.

[214] Im Jahre 1910 schrieb der Leiter der Polizeiabteilung in einem Rundschreiben an die Vorgesetzten der Rayon- und Sicherheitsabteilungen und an die Gouverneursgendarmerie: „Bedeutende türkische, russische und muslimische Publizisten beschäftigen sich in letzter Zeit verstärkt mit den Stämmen, die wie sie derselben Rasse angehören, mit dem Ziel, unter ihnen den Hass gegen Russland zu schüren und sie der zukünftigen gemeinsamen muslimischen Föderation anzugliedern" (Arapov, Dmitrij Ju., „Musul'manskoe dviženije v Srednej Azii v 1910 g. (Po archivnym materialam departamenta policii Ministerstva vnutrennich del Rossijskoj imperii)" in: *Sbornik Russkogo istoričeskogo obšéestva, T.5 (153)*, M. 2002, S. 131).

nach ihren alten Regeln weiter und verwaltete sich entsprechend der althergebrachten Gesetze selbst. Was die Russen von ihnen hielten und wie sie sie bezeichneten, brachte hier kaum einen aus der Ruhe.
Jedoch hat alles irgendwann einmal ein Ende. Es kam die Zeit, da die mittelasiatische Elite aufgrund der inneren Entwicklung und unter Einwirkung verschiedener äußerer Impulse über ihren Platz in der zeitgenössischen sich modernisierenden Welt und über ihre Rolle in der kolonialen Gesellschaft nachdachte. Thema dieser Überlegungen war es u.a., sich selbst und die einen umgebenden Menschen als ein nationales Ganzes zu begreifen, das ein eigenes historisches Schicksal, ein eigenes Gesicht und einen eigenen Namen hat.
Die erwähnte Publikation in den *Turkestanskie vedomosti* [Turkestanische Mitteilungen] spiegelte die recht lebendige Erörterung „der Sartenproblematik" in der „eingeborenen" Presse wider, welche von den Anhängern progressiver Reformen der muslimischen Gesellschaft, den Jadiden, herausgegeben wurde.[215] In der tatarischsprachigen Orenburger Zeitung *Šūrā* [Die Ratsversammlung] veröffentlichte im Jahre 1911 der Samarkander Maḥmūd Khwāǧa Bihbūdī, einer der einflussreichsten Personen der Jadid-Bewegung in Mittelasien, den Artikel *Slovo „sart' ne izvestno* [Das Wort ‚Sarte' ist unbekannt]. Er schrieb, wobei er gewollt oder ungewollt die Argumentation Lapins wiederholte, dass der Ursprung dieses Wortes unklar sei. Die einheimischen mittelasiatischen Bewohner würden sich nicht Sarten nennen. Darüber hinaus konstatiert er, ihnen sei dieser Name als Spitzname von ihren nördlichen Nachbarn, den Kasachen und Tataren, gegeben worden sei, und die Russen hätten diesen Namen von letzteren entlehnt.[216] Baqā-Khwāǧa, der in seinem großen Artikel *Slovo „sart' nenastojaščee* [Das Wort „Sarte" ist nicht authentisch], der in derselben Zeitung und im selben Jahr erschien, die Existenz eines „sartischen" Volkes verneinte, stützte seinem Freund Maḥmūd Khwāǧa Bihbūdī den Rücken:

> The inhabitants of Turkestan [...] are, from the point of view of race and nationality predominantly [...] Turks and Tajiks [...]. To call the Ozbek Turkic inhabitants of the five oblasts of

---

[215] Vgl.: Borovkov, Aleksandr K., *Uzbekskij literaturnyj jazyk v period 1905-1917 gg.*, Taškent 1940, S. 13f; Baldauf, Ingeborg, "Some Thoughts on the Making of the Uzbek Nation", in: *Cahiers du monde russe et soviétique*, Vol. XXXII (1), Paris janvier-mars 1991; Khalid, Adeeb, *The Politics of Muslim Cultural Reform: Jadidism in Central Asia*, Los Angeles/ London (University of California Press) 1998, S. 204-208.

[216] Bechbudi, Machmud-Chodža, *Izbrannye proizvedenija*, Taškent 1999, S. 193 (auf usbekisch).

Russian Turkestan and the khanates of Bukhara and Khiva ‚Sart'
is an injustice, the despotism [...] a huge mistake.²¹⁷

Baqā-Khwāǧa, der des Russischen mächtig war, nahm auf das Buch
Ostroumovs *Sarty* [Die Sarten] und die dem gegenüberstehende Meinung
Lapins Bezug. Er erwähnte Gejers skeptisches Verhältnis zum Wort „Sarten",
das Fehlen des Terminus bei Logofet²¹⁸ und dessen Gebrauch in der Bedeutung „Tadschiken" durch den Orientalisten Vámbéry.²¹⁹
Der Zeitungsredakteur zog folgende Bilanz: Die Versuche, das Wort „Sarte"
mit Hilfe historischer Argumente zu rehabilitieren, sind haltlos und man sollte
von diesem Wort Abstand nehmen.²²⁰
Die Tatsache des Verweises von Baqā-Khwāǧa auf russische Quellen ist höchst
bemerkenswert. Wahrscheinlich, versucht der „eingeborene" Intellektuelle im
Grunde genommen die westliche Art der Erörterung und Argumentation unbewusst nachzuahmen. Er bezieht gegen die imperialen Klassifikationen
Stellung und bringt seine eigene Unzufriedenheit über diese zum Ausdruck.
Im Jahre 1915 veröffentlichte Maḥmūd Khwāǧa Bihbūdī, der Redakteur der
Zeitschrift *Ojna* [Der Spiegel], zum wiederholten Male, jedoch um Grundlegendes ergänzt und erneuert, seinen alten Artikel über den Terminus „Sarte".
Er wiederholte darin seine grundlegende Ansicht: Die Russen Tataren, und
Kasachen bezeichnen die ganze Bevölkerung Turkestans als „Sarten", wohingegen die „Türken, Tadschiken oder Araber", in Afghanistan, Iran und Indien
die turkophone Bevölkerung der Region gewöhnlich „Usbeken" oder „Türk"

---

²¹⁷ Khalid, Adeeb, *The Politics of Muslim Cultural Reform: Jadidism in Central Asia*, Los
Angeles/ London (University of California Press) 1998, S. 205 [Anmerkung des Übersetzers: Abašin zitiert hier zwei Textstellen aus Maḥmūd Khwāǧa Bihbūdīs Buch in englischer Übersetzung von Khalid]; Bechbudi, Machmud-Chodža, *Izbrannye proizvedenija*,
Taškent 1999, S. 197 (auf usbekisch).

²¹⁸ D.N. Logofet schrieb einige Bücher über das Khanat von Buchara (Vgl. beispielsweise: Logofet, D.N., *Bucharskoe chanstvo pod russkim protektoratom*, T.1-2, SPb. 1911). Es
ist interessant, dass sowohl Logofet als auch Gejer zum „progressiven" Teil der
russischen Gesellschaft gehörten und enge Kontakte zu den mittelasiatischen Jadiden
hatten.

²¹⁹ Maḥmūd Khwāǧa Bihbūdī erörterte Baqā-Khwāǧas Artikel detailliert (vgl. Bechbudi,
Machmud-Chodža, *Izbrannye proizvedenija*, Taškent 1999, S. 196f.).

²²⁰ Baldauf, Ingeborg, "Some Thoughts on the Making of the Uzbek Nation", in: *Cahiers
du monde russe et sovietique*, Vol. XXXII (1), Paris janvier-mars 1991, S. 93.

nennen würden. Das Wort „Sarten" „kennt man dort nicht".²²¹ Unter den 92 Stämmen (Qabila-Urugh), welche die „Turkvölker" (ėl) vereinen würden, gäbe es ebenfalls keine „Sarten". Bihbūdī erinnert an einige mittelalterliche Quellen, die von den „Sarten" berichten und zieht daraus folgenden Schluss:

> Vermutlich existierte irgendwann einmal ein sartischer Stamm [Qabila – S. A.]. Jetzt jedenfalls gibt es kein sartisches Geschlecht [Urugh – S. A.].²²²

Bihbūdī widerspricht damit aber nicht der weit verbreiteten Meinung, der Name „Sarte" hätte in letzter Zeit „einen hohen Bekanntheitsgrad erlangt, und daher ist es nicht möglich, auf ihn zu verzichten." Gegen diese Position, die der Argumentation Ostroumovs sehr ähnlich ist, führte Bihbūdī folgendes Argument an: Die Jadiden oder Anhänger des Fortschrittes nenne man manchmal „Babiden"²²³ [Anmerkung des Verfassers: Babis], aber das bedeutet nicht, dass sich auch die Jadiden selbst so nennen, insofern nämlich die Babis nicht gleich Muslime seien.²²⁴

Wenn man die „Türken, Araber und Perser" in Mittelasien so schwer voneinander unterscheiden könne, sei es jedoch nötig, sie mit einem Namen zu belegen. So müsse man sie „Turkestaner" oder „Turkestanische Muslime" nennen.²²⁵ Dem Aufruf im Artikel *Slovo ‚sart' neizvestno* [Das Wort ‚Sarte' ist unbekannt] folgte im anderen Kontext eine bemerkenswerte Aussage:

> Es kann sein, dass Sie auch nach einem Jahrhundert, wenn in Turkestan die heute als Juden, Russen, Turkvölker, Tadschiken und Araber bekannten Gruppierungen gleiche Kleidung tragen

---

²²¹ Ebd., S. 193f.

²²² Ebd., S. 198.

²²³ Die Babis sind Anhänger des Babismus oder des Bahaismus.

²²⁴ Bechbudi, Machmud-Chodža, *Izbrannye proizvedenija*, Taškent 1999, S. 198.

²²⁵ Übrigens war das Verhältnis von Maḥmūd Khwāǧa Bihbūdī zu dem, was man gewöhnlich als mittelasiatische Bevölkerung bezeichnet, nicht nachvollziehbar. In seinem Artikel „Ne dva, četyre jazyka neobchodimy" [Nicht zwei, vier Sprachen sind notwendig], behauptete er, dass „die Mehrheit der turkestanischen Bevölkerung usbekisch spricht" (ebd., S. 150). Jedoch verwendete er den Terminus „Usbeke" ebenso wie den Terminus „Türk". In seinem Artikel „Problema jazyka" [Das Sprachenproblem] nannte er den „Turkdialekt" der Zentralasiaten „usbekisch-čagataisch" oder einfach „čagataisch" (ebd., S. 183f.).

und sich vereinigt haben werden, diese alle „Sarten" nennen werden.[226]

In den Überlegungen Bihbūdīs ziehen zwei Sachverhalte die Aufmerksamkeit auf sich. Der erste besteht im geringen Interesse des jadidischen Verfassers, genau wie seine Widersacher aus den Reihen der russischen Gelehrten und Beamten, für die Meinung der Leute, von denen die Rede war. Bihbūdī sprach im Namen des „Volkes" und predigte diesem zugleich, wie es zu sein habe. Die zweite Besonderheit seines Schreibstils ist darin zu sehen, wie er sich der „westlichen", europäischen Wissenschaftstradition, die ihre Position argumentativ darlegt und verbindliche Verweise auf historische „Quellen", Genealogien, Meinungen bekannter Gelehrter etc. beinhaltet, bedient und nachahmt. Bihbūdī, der mit russischen Forschern über die Sarten zu streiten pflegte (insbesondere mit Ostroumov), argumentierte gänzlich „im russischen" oder „europäischen Stil". Die Beweggründe sind wohl in der Hoffnung zu suchen, auf diese Weise wahrgenommen zu werden und mit der eigenen Auffassung eine gewisse Legitimation zu erfahren.
Es sollte angemerkt werden, dass die Jadiden im Wolgagebiet und auf der Krim einen großen Einfluss auf das Verhältnis der Turkestanischen Jadiden zum Terminus „Sarten" ausübten.[227] Maḥmūd Khwāǧa Bihbūdī verwies beispielsweise auf die Haltung des bekannten tatarischen Publizisten Ismail Bej Gasprinskij, der schrieb, dass die Bewohner Turkestans seien eher bereit, sich selbst als „Usbeken oder Türk" zu bezeichnen, denn als „Sarten".[228] Gegen den Terminus „Sarte" bezog auch eine andere bekannte Persönlichkeit der

---

[226] Ebd., S. 199.

[227] Baldauf, Ingeborg, "Some Thoughts on the Making of the Uzbek Nation", in: *Cahiers du monde russe et soviétique*, Vol. XXXII (1), Paris janvier-mars 1991, S. 80. In der russisch tatarophonen Presse (in der Zeitschrift "Šūrā" etc.) jener Zeit, d.h. in den 1910er Jahren, gab es eine ähnliche Diskussion über die Selbstbezeichnung der Muslime im Wolgagebiet: Als Alternativen betrachtete man u.a. den Terminus „Türk" und „Tataren" (Usmanova, D., „Sozdavaja nacional´nuju istoriju tatar: istoriografičeskie i intellektual´nye debaty na rubeže vekov", in: *Ab Imperio*, No. 3, 2003, S. 344f.).

[228] Baldauf, Ingeborg, "Some Thoughts on the Making of the Uzbek Nation", in: *Cahiers du monde russe et soviétique*, Vol. XXXII (1), Paris janvier-mars 1991, S. 80; Khalid, Adeeb, *The Politics of Muslim Cultural Reform: Jadidism in Central Asia*, Los Angeles/ London (University of California Press) 1998, S. 206. In seinem Artikel "Neobchodima 'Istorija Turkestana'" brachte Maḥmūd Khwāǧa Bihbūdī seine Hoffnung zum Ausdruck, dass nämlich der "junge Historiker" Ahmad Zaki Validi die „nationale" Geschichte Turkestans niederschreibe (so M.-C. Bechbudi, *Izbrannye proizvedenija*, Taschkent 1999, 179).

Turk-Bewegung in Russland Stellung. Es war nämlich der studierte Orientalist, zukünftige baschkirische Nationalist und Ideologe der mittelasiatischen Basmači-Bewegung: Zaki Validi Togan.[229] Die *Turkestanskaja tuzemnaja gazeta* [Turkestanische Eingeborenenzeitung],[230] deren Redakteur Ostroumov war, ergriff für die Bezeichnung „Sarte" Partei. Im Jahre 1913 wurde in ihr beispielsweise der Brief eines Bürgers der Stadt Osch veröffentlicht, der behauptete, „Sarte" sei kein herabwürdigender Spitzname, sondern verweise er eher auf ein hohes kulturelles Niveau. Daher könne dieser Name die Bevölkerung Turkestans „kultivieren".[231] Ein anderer Autor schrieb in derselben Zeitung, die Streitigkeiten über die Bezeichnung seien nicht so wichtig und würden lediglich die Muslime spalten. In diesem Sinne verwies er auf die Deutschen, deren Name zwar auf Russisch „stumm" bedeute, der jedoch trotz allem von niemandem als Kränkung empfunden würde. Ein dritter Autor, der mit „Sarte und Sohn eines Sarten" unterschrieb, erklärte: „Wir Sarten lehnen diesen Namen nicht ab." „Unser Glaube misst dem Namen und verwandten Gruppen keine Bedeutung bei."[232] In der *Turkestanskaja tuzemnaja*

---

[229] Bechbudi, Machmud-Chodža, *Izbrannye proizvedenija*, Taškent 1999, S. 199. Es muss angemerkt werden, dass Ahmad Zaki Validi, dessen Arbeiten zur Geschichte und zur Ethnographie sich bei den Jadiden Russlands sehr großer Beliebtheit erfreuten, gut mit den russischen Arbeiten zur Geschichte der Turkvölker und der Geschichte Mittelasiens bekannt war und viele bekannte russische Orientalisten, zu denen Vasilij V. Bartol'd, Aleksandr N. Samojlovič, A.A. Semenov, Vladimir P. Nalivkin u.a. zählten, persönlich kannte (Togan, Zaki Validi, *Vospominanija. Bor'ba musul'man Turkestana i drugich vostočnych tjurok za nacional'noe suščestvovanie i kul'turu*, M. 1997, S. 82-112). [Anmerkung des Übersetzers: Bei Zaki Validi Togans Titel handelt es sich um eine Übersetzung aus dem Türkischen].

[230] Die Zeitung wurde von 1870 an in „sartischer" Sprache gedruckt (1885-1901 erschien sie mit einer russischen Übersetzung) und war das Sprachrohr der Obrigkeit.

[231] 1914 erschien in der Zeitung „Sadoi Fargona" (Stimme des Ferghana) der Artikel eines gewissen Mullā Abdullobek, der nachwies, dass das Wort „Sarte" „gebildet", „kultiviert" bedeute und dass man darauf stolz sein müsse (vgl. Bechbudi, Machmud-Chodža, *Izbrannye proizvedenija*, Taškent 1999, S. 181). Nebenbei bemerkt widersprechen diese Tatsachen mit allen Vorbehalten der Auffassung Arne Haugens, der schrieb: „there were no Sart voices claiming to represent any Sart people". (Haugen, Arne, *The Establishment of National Republics in Soviet Central Asia*, N.Y. 2003, S. 146).

[232] Khalid, Adeeb, *The Politics of Muslim Cultural Reform: Jadidism in Central Asia*, Los Angeles/ London (University of California Press) 1998, S. 206f. Es ist interessant, dass auf dem gesamtrussischen Kongress der Kadettenpartei im Jahre 1906, an dem gesondert eine muslimische Delegation, angeführt von einem der Führer der tatarischen Nationalisten, Jusif Akčurin, teilnahm, die Kadetten auf das Ersuchen der muslimischen

gazeta erschien ebenso eine Kritik Maḥmūd Khwāǧa Bihbūdīs. Darin wird der Verfasser bezichtigt, sein Artikel über die „Sarten" trüge einen politischen Charakter in sich und stifte Unruhe, worauf sich jener genötigt sah, zu antworten und ausdrücklich den „historischen" und „wissenschaftlichen" Charakter der eigenen Überlegungen zu betonen.[233]
Der Frage, ob der Terminus „Sarte" von den „einfachen Leuten" um die Jahrhundertwende vom 19. zum 20. Jahrhundert als Selbstbezeichnung verwendet wurde, kommt keine große Bedeutung zu. Die verschiedenen Quellen (u.a. auch weiter oben bereits zitierte) äußern sich dazu unterschiedlich. Freilich ist aber etwas anderes viel wichtiger: Die Auseinandersetzungen über das Wort „Sarte" in der russischen Literatur und akademischen Betrachtung flossen in den „lokalen" Diskurs mit ein. Das Wort „Sarte" wurde zu einem negativen oder positiven Teil des Selbstbewusstseins, zumindest was die lokalen Eliten anbelangt. Dies verweist auf die Entstehung einer nationalen Selbstidentifikation, die sich zweifelsohne in der mittelasiatischen Gesellschaft jener Zeit vollzogen hatte. Jedoch handelte es sich nur um die Einsicht, dass ein nationales Selbstbewusstsein erforderlich wäre. Es kam allerdings noch nicht zum entscheidenden Punkt, an dem sich dieses Erfordernis auf irgendeine klare Formel von „Ethnizität" hätte bringen lassen.

Die Sarten in der Volkszählung von 1917

Die Februarrevolution des Jahres 1917 zerstörte mit einem Mal den gesamten vorherigen, politischen Staatsaufbau. Das Gebiet des ehemaligen Russischen Reiches hatte sich bereits in ein einziges Schlachtfeld verschiedenster sozialer und politischer Gruppen verwandelt. Es begann ein heftiger Kampf um symbolische Ressourcen, um das Vorrecht, im Namen der Klassen und Nation sprechen zu können und um ein neues Bewusstsein für die verschiedenen Klassifikationen und Bezeichnungen. Die bis dahin führende geistige Elite verlor das entscheidende Stimmrecht. Frühere Außenseiter und ihre, wie es kurz zuvor noch schien, völlig unbedeutenden Ideologien waren plötzlich gefragt.

Delegation hin eine Korrektur an ihrem Programm vornahmen, in deren Zuge, genau wie die Polen, nun auch Juden, Tataren, Sarten (!! - S. A.) und Kirgis-Kasachen in das Nationenverzeichnis aufgenommen wurden (Aršaruni, A./ Gabidullin, Ch., *Očerki panislamizma i pantjurkizma v Rossii*, London 1990, S. 58).

[233] Bechbudi, Machmud-Chodža, *Izbrannye proizvedenija*, Taškent 1999, S. 214.

Für die Anerkennung und Verbreitung eines neuen Bewusstseins waren legitimierende Mechanismen von Nöten. Diese konnten beliebige Versammlungen, Maßnahmen und Ereignisse sein, bei denen sich die Mächtigen als Entscheidung fällende Instanz gebärdeten.

Im Jahre 1917 wurde eine, so wollte es scheinen, recht einfache, die Landwirtschaft betreffende statistische Erhebung in die Wege geleitet. Das Ziel war es, den Umfang von Landbesitz, die Anzahl und Bestände an Vieh genau zu erfassen sowie die Sozial- und Klassenstrukturen der mittelasiatischen Gesellschaft zu klären. Das höchste lokale Verwaltungsorgan, das Turkestanische Komitee der Übergangsregierung, war gegen die Erhebung und hielt diese angesichts der politischen und wirtschaftlichen Krisen für unangebracht. Der Landwirtschaftsminister beharrte jedoch darauf. Die Erhebung wurde von einer eigens aus Petrograd entsendeten Gruppe stellvertretender Mitarbeiter der staatlichen Stellen für Bodenbewirtschaftung durchgeführt. Sie wurde hauptsächlich en bloc von Lehrern und Schülern im Zeitraum von Sommer und Herbst 1917 durchgeführt. Sie wurde erst im Januar 1918 beendet, da die Finanzierung auf Eis gelegt worden war. So drangen die Schreiber in einige Bezirke überhaupt nicht vor.

Wie bereits während der Volkszählung 1897 diente ein Gehöftkärtchen, in dem einem jeden Familienmitglied eine eigene Spalte gewidmet war, als wichtigstes Formular. Eine Spalte „Nacional´nost'" – darauf sei hier besonders hingewiesen – gab es auf diesem Formular nicht, da niemand angeregt hatte, die nationale Zusammensetzung der Region zu klären. Nichtsdestotrotz führten die Volkszähler neben den Gehöftkärtchen noch Bevölkerungslisten, in denen es Spalten für die Nacional´nost' des Hausherrn gab. Es ist sehr wahrscheinlich, dass, wenn es eine solche Umfrage unter den Oberhäuptern der Haushalte zu deren Nacional´nost' im Jahre 1917 nicht gegeben hätte, die allgemeinen Angaben aus den Volost-Revisionsbögen der lokalen Verwaltung entnommen worden wären.[234]

Ungeachtet des eigenen rein wirtschaftlichen Vorhabens verschaffte die Erhebung den Politikern immerhin die Möglichkeit, einen neuen Zugang zur ethnographischen Klassifikation vorzuführen, und unter Ausnutzung der wissenschaftlichen Legitimität Informationen zu erheben und verbindlich zu machen. Zu Beginn der 1920er Jahre wendete sich der Ethnograph I. I. Zarubin, der sein eigenes Verzeichnis über die mittelasiatischen Völker

---

[234] In jedem Fall erinnerte die im Verlauf der Volkszählung 1917 „an den Tag gelegte" Nomenklatur der Nacional´nosti sehr an jene Klassifikationen, die die lokalen Statistikkomitees zu Beginn des Jahrhunderts geschaffen hatten.

verfasste, speziell den landwirtschaftlichen Erhebungen von 1917 zu, da sie den kürzest zurückliegenden Versuch darstellten, die lokale Bevölkerung zu beschreiben. In der Darstellung der Ergebnisse dieser Arbeit verwies Zarubin auf ein packendes Detail:

> Schon während der Arbeit [bei der Vorbereitung der Erhebung – S. A.] wurde den Beteiligten von der Führung klargemacht, dass ein eigenes Volk der Sarten nicht existiert, und dass dieser Terminus allerorts durch das Wort Usbeke zu ersetzen ist [ist!!! – S. A.]".[235]

Wie ohne Zweifel ersichtlich wird, wurde jener Schritt aus politischen Erwägungen heraus getan. Nach den Veränderungen von 1917 verlangte es die Situation von der neuen turkestanischen Führung, in einen gleichberechtigten Dialog mit der „eingeborenen" Elite zu treten. Die beiden Seiten wurden der Notwendigkeit einen Kompromiss zu finden gewahr, in dem die Einheit des früheren Staates und eine gewisse Eigenständigkeit der früheren „Fremdstämmigen" im zukünftigen, politischen Gebilde gewährleistet würden. Einer der zu verhandelnden Punkte in jener informellen Abmachung war auch, so scheint es zumindest, die Entscheidung zu treffen, auf den Terminus „Sarte" zu verzichten. Ein solcher Verzicht symbolisierte erstens einen Bruch mit dem Großmachtcharakter der Reichsführung zu Zeiten des „Zarismus". Zweitens demonstrierten die „einheimischen" Parteien noch einmal die türkische Stoßrichtung ihrer politischen Erwartungen.[236]

---

[235] Ebd., S. 15f. Im Sommer 1917 erörterte ein gewisser I. Pervyšev in seinem Artikel „O nacional'nom voprose v Turkestane" [Über die nationale Frage in Turkestan] das Recht der autochthonen Narodnosti auf Selbstbestimmung: „Wir wissen, dass die Bevölkerung Turkestans aus Tadschiken, den ältesten Bewohnern dieses Landes, Usbeken, Kirgisen [...], Karakalpaken, Turkmenen, Jomuden [!? – S. A.], Persern, Tataren, Hindus, Europäern, bucharischen Juden etc. besteht" (Pervyšev, I., „O nacional'nom voprose v Turkestane", in: *TV.*, *No. 71*, 20 ijunja (3 ijulja) 1917). Sarten kamen in dieser Aufzählung nicht vor.

[236] Im Frühling 1917 fanden in Turkestan unter Beteiligung der Parteimitglieder der „Šura Islamijja" (Islamische Ratsversammlung) überall Treffen und Versammlungen statt, auf denen die Revolution in Russland besprochen wurde. Auf einer solchen Versammlung in Katta-Kurgan (Samarkander Oblast´) sagten die einheimischen Mullās, dass „die Liebediener des Zaren anstelle der Usbeken uns, um uns zu verspotten, ‚Sarten' nannten. Dieses Wort hat von heute an abgeschafft zu werden, und alle unsere russischen Mitbürger haben uns bei dem Namen Usbeken zu rufen" (Ischakov, Salavat,

Wie und vom wem wurde diese Verfügung nun aber verabschiedet? Auf diese Frage gibt es bisher keine Antwort. Man sollte sich lediglich in Erinnerung rufen, dass Mitte des Jahres 1917 nur zwei Persönlichkeiten eine wichtige Rolle in den politischen Debatten spielten, von denen weiter oben bereits die Rede war. Dem turkestanischen Komitee der Übergangsregierung stand in der Zeit von Juli bis September 1917 V. P. Nalivkin vor, der als Gelehrter geneigt gewesen war zwischen Sarten und Usbeken ein Gleichheitszeichen zu setzen, und als Sozialist politisch darauf aus war, einen Kompromiss mit der einheimischen Intelligenz zu finden. Einer der Partner (und Gegner?) Nalivkins auf politischer Ebene war der Führer der konservativen Partei *Šūrā der 'Ulamā'* (die Ratsversammlung der 'Ulamā') S.-A. Lapin, der sich kategorisch für das Ersetzen des Namens „Sarte" durch „Usbeke" aussprach. Nalivkin und Lapin waren zweifelsohne lange miteinander bekannt. Lapin studierte in der zweiten Hälfte der 1880er Jahre bei Nalivkin am turkestanischen geistlichen Seminar. Dann kreuzten sich ihre Wege noch einmal in den Jahren 1869 bis 1899, als sie beide in der Verwaltung der Samarkander Oblast' dienten.[237] Schon damals verzichtete das Samarkander Statistikkomitee unter Beteiligung dieses Gespanns auf eine großzügige Verwendung des Teminus „Sarte". Im Jahre 1917 bezogen Nalivkin und Lapin jeweils für eine andere politische Position Partei. Nalivkin sympathisierte mit den linken Jadiden und verfolgte den wachsenden Einfluss der Rivalen von der *Šūrā der 'Ulamā'*, die unter der Führung von Lapin stand, mit Besorgnis. Nichtsdestoweniger war es mit deren vereinten Kräften, aber natürlich auch durch die Teilnahme anderer Personen und Parteien,[238] mög-

---

Rossijskie musul'mane i revoljucija (vesna 1917 g.- leto 1918 g.), M. 2004, S. 157). Nil S. Lykošin schrieb im August 1917: „Irgendwo habe ich gelesen, dass die Eingeborenen ihre Bezeichnung als ‚Sarten' als beleidigend empfanden. Man hat zu sagen: Usbeken, Türk, Tadschiken usw." (Lykošin, Nil S., „O čem grezjat tuzemcy", in: *TV*, No. 7, 24 avgusta 1917).

[237] Insbesondere Nalivkin und Lapin waren Koautoren des Artikels: Nalivkin, Vladimir P./ Lapin, Ser-Ali (u.a.), „Kratkij obzor sovremennogo sostojanija i dejatel'nosti musul'manskogo duchovenstva, raznogo roda duchovnych učreždenij i učebnych zavedenij tuzemnogo naselenija Samarkandskoj oblasti s nekotorymi ukazanijami na ich istoričeskoe prošloe", in: *Sbornik materialov po musul'manstvu*, T. 1, SPb. 1899.

[238] Nicht nur Lapin, sondern auch andere Vertreter der einheimischen „eingeborenen" Elite, sowohl ihrer Überzeugung nach linke (Ubaidullah Chodžaev) als auch rechte (Maḥmūd Khwāġa Bihbūdī, Munavvar-kuri Abdurašidchanov), waren Gegner des Namens „Sarte".

lich, einen ersten Versuch zu unternehmen, in ganz Turkestan die Sarten unter dem Wort „Usbeken" zu subsumieren.[239]

Die Sarten als Usbeken

Nachdem Nalivkin und Lapin die politische Bühne verlassen hatten,[240] war unter der Herrschaft der Bolschewiken das Thema Sarten scheinbar für einige Zeit vergessen oder in den Hintergrund getreten. Automatisch bestanden die früheren Klassifikationen fort. Gleichzeitig – oder vielmehr auch parallel – wurden die alten Termini und ihre neue Bedeutung völlig rechtskonform weiterbenutzt.[241] Die städtische „eingeborene" Elite nannte sich immer häufiger „Usbeken".[242] Die Bevölkerung der ländlichen Rayone verstand sich,

---

[239] In den Beratungen, die anlässlich der Durchführung der landwirtschaftlichen Erhebung 1917 abgehalten wurden, nahmen nicht nur Vertreter der Statistikorgane und der lokalen Behörden, sondern Vertreter verschiedener politischer Parteien und gesellschaftlicher Bewegungen, inklusive der einheimischen Parteien teil (vgl. *TV, Nr. 57*, 3 (16. ijunja) 1917). Freilich habe ich bisher keinen schriftlich fixierten Hinweis auf einen Verzicht des Terminus „Sarte" gefunden.

[240] Nalivkin setzte seinem Leben Anfang 1918 durch Selbstmord ein Ende. Im selben Jahr wurde Lapin dazu gezwungen, Turkestan zu verlassen.

[241] Die politischen Standpunkte der Anführer der Basmači-Bewegung, einschließlich deren Verhältnis zur „nationalen Frage" und deren „nationaler Identität", sind ein interessantes Thema. Die meisten der „Feldkommandanten", die Kurbaši, waren in der Politik unerfahrene Leute und sorgten sich mehr um ihre Macht und das Verhältnis zu ihren Konkurrenten. Was bei einem oberflächlichen Blick auf die Geschichte der Basmači-Bewegung natürlich ins Auge sticht, ist die ideologische Rolle, die die früheren Jadiden mit ihren Vorstellungen von „Turkestan" und den „Turkestanern", als Teil einer „turkstämmigen Welt" im Widerstand gegen die Bolschewisten, zu spielen versuchten. Nicht ohne Zufall nahmen die Führer der tatar-baschkirischen nationalen Bewegung und sogar Enver Pasha, einer der Führer der „Jungtürken" an der Basmači-Bewegung aktiv teil (vgl. Vgl.: Togan, Zaki Validi, *Vospominanija, Bor'ba musul'man Turkestana i drugich vostočnych tjurok za nacional'noe suščestvovanie i kul'turu*, M. 1997; *Turkestan v načale XX veka: k istorii istokov nacional'noj nezavisimosti*, Taškent 2000, S. 164-243 [Anmerkung des Übersetzers: Bei Zaki Validi Togans Titel handelt es sich um eine Übersetzung aus dem Türkischen]).

[242] Michail S. Andreev schrieb zu Beginn der 1920er Jahre, dass „die Sarten der Stadt Taschkent sich heutzutage in den Kreisen, die mit europäischer Bildung in Berührung gekommen sind, bevorzugt als Usbeken bezeichnen" (Andreev, Michail S., „Veščie sny, neskol'ko primet i detskaja igra 'Soroka-Vorona' sredi nekotorych narodov, glavnym

von alledem unberührt, wie immer schon als „Sarten". Auf politischer Ebene wurde nun öfters und offiziell der Terminus „Usbeke" verwendet. Im Jahre 1918 fasste der turkestanische CIK [Zentrales Exekutivkomitee] einen Beschluss, durch den „die lokal dominierenden Sprachen" „usbekisch" und „kirgisisch" mit Ausnahme des Russischen zu Amtssprachen erklärt wurden. Im Januar des Jahres 1920 trat der Vorsitzende des zentralen turkestanischen Exekutivkomitee T. Ryskulov, der Herkunft nach Kasache, mit der Idee hervor, eine „Turkstämmige Sowjetrepublik" (oder eine „Republik der Turkvölker") zu gründen. Die aus Moskau entsandte turkestanische Kommission, an deren Spitze M.V. Frunze stand, lehnte die Idee einer „Turkrepublik" ab. Sodann kam als Gegengewicht zum kommunistischen „Panturkismus" der Plan auf, Turkestan in Nationalstaaten zu unterteilen. Im März 1920 verabschiedeten das ZK der RKP(B) [Russische kommunistische Partei der Bolschewiken] und das VCIK [Allrussisches Zentrales Exekutivkomitee] der RSFSR [Russische Sozialistische Föderative Sowjetrepublik] eine neue Bestimmung zur Autonomie Turkestans, in der es hieß, Turkestan sei eine Republik

> autonomer Völker: Turkmenen, Usbeken und Kirgisen. Desweiteren ist Turkestan eine Republik mit einer Gebietseinteilung entsprechend den existierenden nationalen Gruppierungen sowie den ökonomischen und die Lebensgewohnheiten betreffenden Strukturen.[243]

1920 wurden unter der Führung des ZK der Kommunistischen Partei Turkestans drei entsprechende nationale Sektionen und unter der Führung des Turkestanischen CIK [Zentrales Exekutivkomitee] drei nationale Abteilungen geschaffen (1921 wurden sie der Narkomnaz[244] Turkestans unterstellt).
Alle diese Ereignisse (u.a. die Volkszählung von 1920) erneuerten das Interesse an ethnographischen Fragestellungen. Der Festlegung auf eine offizielle Nomenklatur der entscheidenden mittelasiatischen Nacional'nosti folgte die Frage nach deren territorialer und kultureller „Konfiguration". Wen kann man als Usbeken gelten lassen? Natürlich kam auch die „Sartenproblematik" erneut auf. Den Terminus „Sarte" in den Terminus „Usbeke" zu ändern und dies

---

obrazom Srednej Azii. Materialy po ètnografii", in: *Izvestija Glavnogo Sredne-Aziatskogo Muzeja*, T. 2, 1923, S. 4).

[243] *Izvestija Turk CIK*, 24 marta 1920 (zitiert nach: Gordienko, A.A., *Sozdanie sovetskoj nacional'noj gosudarstvennosti v Srednej Azii*, M. 1959, S. 93).

[244] Anmerkung des Übersetzers: Narodnyj komissariat po delam nacional'nostej.

wissenschaftlich mit Notwendigkeit und Unvermeidbarkeit zu begründen, leisteten verschiedene im Zentrum und in Turkestan angesiedelte Autoren. In Turkestan vertrat diesen Standpunkt der Statistiker I. P. Magidovič, im Zentrum vertrat ihn der Ethnograph I. I. Zarubin. Beide waren Forscher der jüngeren Generation (sowohl der eine, als auch der andere waren kaum mehr als 30 Jahre alt). Beide sympathisierten mit den sowjetischen Umschwüngen, die sich ereignet hatten.

I. P. Magidovič setzte wirklich alles daran, den Terminus „Sarte" zu diskreditieren. Magidovič, der die Funktionen eines Gelehrten und Beamten in einer Person vereinigte [245], war direkt für die Erstellung eines Verzeichnisses der Nacional'nosti verantwortlich.

Im *Otčet o dejatel'nosti Soveta narodnych komissarov i Ėkonomičeskogo soveta Turkestanskoj respubliki na 1-oe oktjabrja 1922 goda* [Bericht über die Tätigkeit des Rates der Volkskommissare und des ökonomischen Rates der Republik Turkestan vom 1. Oktober 1922] (1922) erkannte Magidovič, dass

> viele Ethnographen geneigt sind, sie für völlig verschiedene Narodnosti zu halten.[246]

Diese Tatsache, dass nämlich die Sarten sowohl „eindeutigen Türken" (Kasachen und Kirgisen [Qyrghyz]), als auch den „eindeutig arischen Tadschiken" gegenüber zu stellen sind, provozierte bei ihm keinerlei Zweifel. Was jedoch die Frage betrifft, „worin sich gegenwärtig die Sarten von den Usbeken, die den gleichen türkischen Dialekt sprechen und dieselben Bräuche

---

[245] Die Biographie Magidovičs ist den Mittelasienspezialisten wenig bekannt. Iosif Petrovič Magidovič wurde 1889 geboren und starb 1976. Er arbeitete als stellvertretender Leiter der Abteilung für demographische Statistik in der zentralen statistischen Verwaltung der Republik Turkestan und war Leiter der Kommission für die Einteilung in Rayons. Obgleich er noch jung war und sein Posten nicht sonderlich bedeutend, so war er doch ein Mensch, der unmittelbar Anteil an der Materialbeschaffung für das Fällen von politischen Beschlüssen hatte. Später arbeitete er im CSU der SSSR (Anmerkung des Übersetzers: Central'noe Statističeskoe upravlenie) und lehrte an der geographischen Fakultät der MGU. Das bekannte Buch „Očerki po istorii geografičeskich otkrytij" [Skizzen zur Geschichte der geographischen Entdeckungen] stammt aus seiner Feder.

[246] Magidovič, Iosif P., „Naselenie", in: *Otčet o dejatel'nosti Soveta narodnych komissarov i Ėkonomičeskogo soveta Turkestanskoj respubliki na 1-oe oktjabrja 1922 goda*, Taškent 1922, S. 54.

und Strukturen haben, unterscheiden", blieb seiner Meinung nach ungeklärt.[247] Wie Magidovič schreibt,

> wird ein und dasselbe Volk in vielen Fällen einmal als Sarten, ein anderes Mal als Usbeken bezeichnet, je nach der Voreingenommenheit der Registratoren.

Und weiter fährt er fort:

> die befragte Bevölkerung selbst sah keinen großen Unterschied zwischen der Bezeichnung ‚Usbeke' und ‚Sarte'.[248]

Im *Statističeskij ežegodnik 1917-1923 gg.* [Statistisches Jahrbuch von 1917-1923] (1924) nennt Magidovič in der Fachrubrik *Nacional'nyj sostav* [Der nationale Bestand] (im Kapitel *Naselenie TSSR v 1920 g.* [Die Bevölkerung der TSSR im Jahre 1920]) die Usbeken und die „beinahe mit ihnen verschmolzenen" Sarten die „dominierende Narodnost'."[249] Der Verfasser erläutert klar, dass

> die Usbeken mit den Sarten vereint sind, weil es – den Angaben der Erhebungen von 1917 und 1920 zufolge – keine Möglichkeit gibt, sie auseinanderzuhalten. Dies gilt umso mehr, als dass sie eine gemeinsame Sprache haben. Ebenso werden kleine Gruppierungen zu ihnen gezählt, die usbekisch sprechen (z.B. die Sarten Kaschgars oder die ‚Kaschgarlyken') u.ä. Die so genannten ‚Chodžas' und ‚Araber' werden zu jenen Narodnosti gezählt, in deren Mitte sie leben und in deren Sprache sie kommunizieren.[250]

---

[247] Ebd., S. 54.

[248] Ebd., S. 54.

[249] Magidovič, Iosif P., „Naselenie TSSR v 1920 g.", in: *Statističeskij ežegodnik 1917-1923 gg.*, T.1, Taškent 1924, 45.

[250] Ebd., S. 84. Als Magidovič die Materialien zur Ferghana Oblast' ausarbeitete, zählte er die gesamte Gruppe der ihnen „verwandten und der sich mit ihnen beinahe assimilierten Völker" zu den „Usbeken" hinzu: Kaschqaren, Kurama, Kiptschaken, Karakalpaken und auch die „Türk" (Magidovič, Iosif P., „Sel'skoe naselenie Ferganskoj oblasti po materialam perepisi 1917 goda", in: *Materialy Vserossijskich perepisej. Perepis' naselenija v Turkestanskoj Respublike, Vyp. 4, Sel'skoe naselenie Ferganskoj oblasti po materialam perepisi 1917 goda*, Taškent 1924, S. 22f.). Jedoch gab der Autor nichtsdestotrotz die

Es ist interessant, während Magidovič er von der Vereinigung der Sarten mit den Usbeken (und zu letzteren zählt er auch andere kleine Stämme) spricht, u.a. auch auf die praktische Handhabung dieses Schrittes hinweist.[251] So wird sein notwendiger Rückgriff auf sehr unterschiedlich geartete Quellen bei der demographischen und ethnographischen Kartierung Turkestans ersichtlich. Dabei handelt es sich um die Ergebnisse der Erhebungen von 1917 und 1920, die unvollständig waren und nicht alle Rayone erfassten, als auch einige ältere Angaben aus der laufenden Statistik (darunter zur Ferghana Oblast´ gehörig das *Spisok naselennych mest* [Verzeichnis der Siedlungsorte] von 1909). Jede dieser Quellen verfügte über ihre eigene ethnographische Nomenklatur. Deshalb war es, um beide unter einen Hut zu bringen, praktischer, Sarten und Usbeken gemeinsam zu betrachten.

Die Haltung Magidovičs war nicht so sehr der Standpunkt eines Ethnographen, Linguisten, Anthropologen oder Historikers, für die die nationalen (oder ethnographischen) Typenreihen wichtig sind. Vielmehr ist es der Standpunkt eines Statistikbeamten, der eine Methode offerieren sollte, die Nacional´nost´ eines bestimmten Menschen zu klären. Hierher rührt auch die völlig praktisch orientierte Sicht des Verfassers, dass ein Unterscheiden

> der Sarten von den Usbeken und ein Berechnen, wie viele von diesen und jenen registriert worden sind, bedeuten würde, dass diese Teilung, die in Wirklichkeit nicht existiert, festgeschrieben würde.[252]

Jedoch zog der Verfasser aus dieser praktischen Überlegung einen allgemeinen Schluss:

> Es scheint so, dass das Leben die frühere [immerhin existierte sie!!! – S. A.] Grenze zwischen diesen beiden Narodnosti verwischt und eine vollständige Verschmelzung in nicht zu ferner Zukunft liegt. Aber die Verschmelzung kann nur so vonstatten

---

entsprechenden Daten zu diesen sehr kleinen Gruppen sowohl im Text als auch in der Tabelle an.
[251] Anmerkung des Übersetzers: Im Originaltext fehlt an dieser Stelle ein Verb.
[252] Ebd., S. 55.

gehen, dass die Bezeichnung ‚Sarte' vollständig verschwindet und von dem Begriff ‚Usbeke' absorbiert wird.[253]

In einer Publikation aus dem Jahre 1924 begrüßte Magidovič die politische Entscheidung der Sarten, [sich als Usbeken zu bezeichnen]:

> Als Sarten bezeichnet man heute ein von alters her sesshaftes Volk turko-iranischen Ursprungs, das auf usbekisch kommuniziert. Folglich unterscheiden sie sich dem Ursprung nach von den Usbeken [...]. Die sesshaften Türk der Samarkander Oblast´ begannen schon vor langem, sich Usbeken zu nennen. Eine solche Erscheinung lässt sich heutzutage in der Ferghana und Syr Darja Oblast´ beobachten.
> Hunderttausende von Sarten bezeichnen sich als Usbeken und ihre Sprache als usbekisch. Sie sind sich der Eigenständigkeit ihrer Narodnost´ schon nicht mehr bewusst und behaupten, entgegen der Gelehrtenmeinung, ihre Einheit mit den Usbeken. Eine gegenteilige Erscheinung wurde nirgends vermerkt. Es gab bisher keinen Fall, dass sich genuine Usbeken aus Samarkand, Buchara, Chiwa oder vom Amu Darja als Sarten bezeichnet hätten. Es ist verständlich, warum also ausgerechnet die Bezeichnung „Sarte" hinter dem Begriff „Usbeke" zurücksteht und verschwindet. Überall, wo früher Sarten mit Usbeken aufeinander stießen, besetzten letztere die Schlüsselfunktionen und ergriffen die politische Macht [...]. Die nomadischen Usbeken verachteten die sesshaften, Ackerbau betreibenden Sarten [...]. Das Wort „Sarte" wurde bei den Usbeken (wie auch den Kirgisen) zum Schimpfwort. Natürlich empfanden viele Sarten das Tragen eines solchen Namens als entwürdigend, dies umso mehr, als dass sie keinerlei Unterschied zwischen sich und den Usbeken ausmachen konnten. Dies ist auch der Grund, warum in den letzten Jahren derart viele Usbeken an jenen Orten registriert wurden, von denen man immer dachte, dass sie

---

[253] Ebd., S. 55. Magidovič wiederholte denselben Gedanken, als er die nationale Zusammensetzung der Syr-darja Oblast´ analysiert (Magidovič, Iosif P., „Obzor itogov demografičesko-professional´noj perepisi 1920 goda v Syr-Dar´inskoj oblasti", in: *Materialy Vserossijskich perepisej 1920 goda. Perepis´ naselenija v Turkestanskoj Respubliki, Čast´ 1, Poselennye itogi, Vyp. 3, Poselennye itogi Syr-Dar´inskoj oblasti*, Taškent 1923, S. 51f.).

nur von Sarten besiedelt würden. Diese Erscheinung trägt zu sehr die Züge eines Massenphänomens, als dass man sie mit den Unzulänglichkeiten der Registrierung während der Erhebung im Jahre 1917 erklären könnte.[254]

Der Verweis auf Unzulänglichkeiten bei der „Registrierung" von 1917 erinnert offensichtlich an die Entscheidung der Statistiker, alle Sarten den Usbeken zuzurechnen. Magidovič versucht klar, das Gegenteil zu beweisen: Das massenhafte Streben der Sarten, sich den Usbeken zuzuordnen, sei eine Eigeninitiative der Bevölkerung und nicht das Resultat verwaltungsbedingter Willkür. In diesen Überlegungen hallt noch die nicht schriftlich festgehaltene Diskussion darüber nach, ob die Beamten (resp. Statistiker) das Recht hätten, willkürlich Stammesnamen zu manipulieren.[255]

In einer anderen Arbeit *Materialy po rajonirovaniju Srednej Azii* [Materialien zur Rayonierung Mittelasiens] (1926), die der Bevölkerung von Buchara gewidmet

---

[254] Magidovič, Iosif P., „Sel'skoe naselenie Ferganskoj oblasti po materialam perepisi 1917 goda", in: *Materialy Vserossijskich perepisej. Perepis' naselenija v Turkestanskoj Respublike, Vyp. 4, Sel'skoe naselenie Ferganskoj oblasti po materialam perepisi 1917 goda*, Taškent 1924, S. 43.

[255] Die Ergebnisse der Volkszählung von 1920 in der Samarkander Oblast' waren sehr interessant. Auf die Frage nach ihrer Nacional'nost' erwiderten viele Bewohner dieser Oblast', die man bei der Datenerhebung entsprechend als „Usbeken" eintrug, damit, dass sie ihre „Stammes"Namen nannten (Magidovič, Iosif P., „Obzor itogov demografičesko-professional'noj perepisi 1920 goda v Samarkandskoj oblasti", in: *Materialy Vserossijskich perepisej 1920 goda. Perepis' naselenija v Turkestanskoj Respublike, Čast' 1, Poselennye itogi, Vyp. 5, Poselennye itogi Samarkandskoj oblasti*, Taškent 1924, S. 35). Im Samarkander Uezd gab es insgesamt 69% „Usbeken" (ebd., S. 40). Unter ihnen fanden sich nicht nur bekannte Stammesnamen wie „Mangiten", „Naiman", etc. (der Autor merkt an, dass einige dieser Gruppen tadschikisch sprechen [!!! – S. A.] (ebd., S. 35)), sondern auch „Araber", „Kalmaken", „Karakalpaken", „Kiptschaken", „Juzen", „Mul'-tanen" (diese zählt man manchmal zu den Zigeunern hinzu), „Turkmenen", „Sarten", „Chodža", „Sajet" (Sayyids, d.h. Nachfahren des Propheten?), „Türk". (Über letztere schreibt der Autor, dass sie den verbleibenden Usbeken so wenig ähnlich seien, dass bei einigen Ethnographen die Frage aufkam, „ob die Türk Usbeken sind" (ebd., S. 35 38, 41-43, 44). Mit anderen Worten: Wenn beispielsweise für das Ferghanabecken das Problem bestünde, ob die Sarten zu den Usbeken gehörten, so bestünde für das Zeravšantal ein anderes Problem, nämlich ob es rechtmäßig sei, verschiedene Gruppen nomadischer, halbnomadischer und sesshafter, turkophoner Bevölkerung zu den Usbeken zu zählen, die sich selbst einerseits nicht für Usbeken hielten, und andererseits wiederum Usbeken seien, aber tadschikisch sprächen.

ist, wendet sich Magidovič erneut der Sartenthematik und dem Verhältnis der Sarten zu den Usbeken zu. Er schreibt, dass

> die umstrittenste Frage, nämlich nach den Wechselbeziehungen zwischen Usbeken und den so genannten „Sarten" [...], schon vom Leben selbst aufgelöst worden ist.[256]

Weiter behauptete er, dass

> es absolut keine Grundlagen dafür gibt, dass zu verschiedenen Zeiten unter dem Terminus „Sarte" dieselbe Nacional´nost oder überhaupt eine bestimmte Nacional´nost gemeint war.[257]

Dabei zitierte der Verfasser beinahe wörtlich den „Konterrevolutionär" Lapin:

> Das Material aus den statistischen Volkszählungen und Revisionen seit 1897 bestätigten diese Erklärung durch die millionenfachen Aussagen der Bevölkerung selbst. Der Sinn dieser Aussagen war völlig eindeutig: Es gibt kein eigenständiges Volk von Sarten, das sich von den Usbeken unterscheiden würde, und es gibt auch keine eigene sartische Sprache, die sich von der usbekischen unterscheiden würde.[258]

Der Verfasser will damit seinen namenlosen Widersachern erneut beweisen, dass der Wandel der Bezeichnung „Sarte" zu „Usbeke" nichts mit der Eigenmächtigkeit von Politikern zu tun habe. Im Gegenteil: So hätten diese ehemaligen zaristischen Beamten eigenmächtig alle als Sarten erfasst:

> In einer jeden neuen Volkszählung oder Umfrage der Verwaltung in Städten und Siedlungen des Ferghanabeckens und des Taschkenter Uezds, d.h. in den ‚Zentren sartischer Sesshaftigkeit', erhielt man völlig andere Verhältnisse von ‚Sarten' zu ‚Usbeken', wobei die Anzahl der Sarten eklatant sank. Es war zweifelsohne so, dass in vielen Fällen die Verwendung des einen

---

[256] Magidovič, Iosif P., „Naselenie", in: *Materialy po rajonirovaniju Srednej Azii, Kn.1, Territorija i naselenie Buchary i Chorezma, Čast´ 1*, Buchara, Taškent 1926, S. 169.

[257] Ebd., S. 173.

[258] Ebd., S. 174.

oder eben anderen Terminus von der Voreingenommenheit der Registratoren abhing, die manchmal auch auf Geheiß von ‚ethnographieinteressierten' Ausbildern oder Uezdvorstehern handelten. Jedoch liegt es auch auf der Hand, dass eine solche Unbeständigkeit hinsichtlich der Bezeichnungen nur deshalb möglich war, weil die befragte sesshafte turkstämmige Bevölkerung keinen Unterschied zwischen dem Wort ‚Usbeke' und ‚Sarte' ausmachen konnte, sich selbst aber bevorzugt mit dem ersteren Namen bezeichnete.[259]

Über die „leidgeprüfte" Frage, ob das Wort „Sarte" verzichtbar sei, schreibt Magidovič weiter, dass bereits innerhalb von den zwei Jahren, in denen die Usbekische Republik gegründet worden war, abschließend durch die Geschichte entschieden worden sei. Die Bezeichnung „Sarte" habe man nur noch selten angetroffen und wenn, dann nur, weil die Einheimischen, sich nach dem Verständnis der russischen Registratoren richtend, Zuflucht zu diesem genommen hätten.[260]
Den Nachweis zugunsten eines Verzichts auf den Namen „Sarte" führte ebenfalls I. I. Zarubin, der in den Jahren 1918-1919 in Mittelasien Material für seine Analyse zusammentrug.[261] In seiner Arbeit *Spisok narodnostej Turkestanskogo kraja* [Verzeichnis von den Narodnosti des turkestanischen Kraj] (1925) teilte

---

[259] Ebd., S. 174.

[260] Ebd., S. 174.

[261] Die Betrachtungen Zarubins hinsichtlich der Zusammensetzung der Bevölkerung Turkestans sind auch noch in dem Zusammenhang interessant, dass sie nämlich von einem Mitglied der Kommission zur Erforschung der stammesmäßigen Zusammensetzung der Bevölkerung Russlands und der angrenzenden Länder, welche in Sankt Petersburg im Jahre 1917 geschaffen wurde und ihre Arbeit im Rahmen der Akademie der Wissenschaften bis Anfang der 1920er Jahre fortsetzte, erörtert wurden. Diese Kommission war faktisch eines der führenden Organe, welches das Verzeichnis der „Völker" zur Volkszählung des Jahres 1926 vorbereitete und den ersten Versuch unternahm, eine einheitliche und „zentralisierte", d.h. für alle verbindliche Nomenklatur der Völker zu schaffen und sich auf diese Weise des Stimmengewirrs und Durcheinanders in dieser Frage zu entledigen. Genaueres über die Kommission und die Streitigkeiten innerhalb der Kommission hinsichtlich der Definition der Frage, wie sich Mittelasien unter dem Gesichtspunkt der Nationalitäten zusammensetzt. Vgl. Hirsch, Francine, *Empire of Nations: Ethnographic Knowledge and the Making of the Soviet Union*, Ithaca/London (Cornell University Press) 2005. Zu Zarubin, vgl.: Rachimov, R.R., „Ivan Ivanovič Zarubin (1887-1964)", in: *Sovetskaja ėtnografija*, No.1, 1989, S. 111-121.

er die gesamte Bevölkerung „linguistisch" in eine „iranische" und „türkische" Gruppe ein.[262] Über die „Tadschiken" schreibt Zarubin, dass

> sie sich von einem kulturellen Standpunkt aus betrachtet in nichts von dem sesshaften türkischen Bevölkerungsteil, der aufgrund von nomadischen Stammesüberbleibseln in der Literatur unter dem Namen Sarten bekannt ist und heutzutage den inneren Kern der usbekischen Narodnost´ formt, in der Region unterscheiden.[263]

Jedoch merkt Zarubin ausdrücklich an, dass „mit dem Terminus Tadschike vorrangig die sprachliche Zugehörigkeit des Subjekts hervorgehoben wird."[264] So müsse nach seiner Meinung das sprachliche Merkmal beim Zusammenstellen des Verzeichnisses über die Nacional´nosti an erster Stelle stehen. Über die „uzbekische[265] Narodnost´" schreibt Zarubin, sie hat sich „unter den Blicken der Geschichte herausgebildet."[266] Zu den Usbeken rechnete er auch die Sarten, nachdem er eine ausführliche Erklärung für diese Entscheidung vorangestellt hatte. Zarubin schreibt:

> Diese schon vor den Usbeken turkophone, iranischstämmige Bevölkerung nannte sich Sarten und wird bis heute von den Usbeken und Kazacken [Kasachen] so bezeichnet. Sie hat nirgendwo für sich eine spezielle ethnische Definition geschaffen.[267]

Zarubin nahm an,

---

[262] Zarubin, Ivan I., *Spisok narodnostej Turkestanskogo kraja*, L. 1925, S. 5.
[263] Ebd., S. 6f.
[264] Ebd., S. 7. Obgleich Zarubin gezwungen war auch die Tatsache zu erwähnen, dass in einigen Fällen die turkophone Bevölkerung als Tadschiken bezeichnet wird.
[265] Anmerkung des Übersetzers: узбецкая.
[266] Ebd., S. 14.
[267] Ebd., S. 14f.

dass es die führenden Schichten[268] der sartischen Gesellschaft, als das wachsende nationale Selbstbewusstsein eine spezielle Definition für die sich entwickelnde Nacional´nost´ erforderte, vorgezogen hatten, den ihnen unangenehmen Terminus zu verwerfen und den ihnen historisch fremden Namen Usbeken anzunehmen.[269]

Der russische Ethnograph schloss folgendermaßen seine Betrachtungen:

Angesichts der heute vorhandenen Bestrebungen der führenden Kreise Turkestans, die vollkommen oder fast sesshafte türkische Bevölkerung der Region unter dem Namen Usbeken zusammen zu schließen, offenbart sich die Ansicht des Turkologen A.N. Samojlovič, die Bezeichnung Sarte aus der statistischen Terminologie zu entfernen, und sie durch den Namen Usbeke zu ersetzen.[270] In praktischer Hinsicht kann dies lediglich die Bildung der entstehenden Nacional´nosti beschleunigen, denen zweifelsohne eine große Zukunft bevorsteht.[271]

Wie aus dem *Spisok narodnostej Turkestanskogo kraja* [Verzeichnis der Narodnosti in der turkestanischen Region] ersichtlich, appelliert Zarubin im Unterschied

---

[268] In einer anderen Arbeit schrieb Zarubin die Entscheidung, auf den Terminus „Sarte" zu verzichten „den führenden Kadern des usbekischen Volkes zu" (Zarubin, Ivan I., *Spisok narodnostej Sojuza Sovetskich Socialističeskich Respublik*, L. 1927, S. 33).

[269] Zarubin, Ivan I., *Spisok narodnostej Turkestanskogo kraja*, L. 1925, S. 15.

[270] Dieser Verweis Zarubins auf die Meinung eines anderen Mitglieds der Kommission zur Erforschung der stammesmäßigen Zusammensetzung der Bevölkerung Russlands, Aleksandr N. Samojlovičs, deutet auf das Kräfteverhältnis in der Wissenschaft hin. Francine Hirsch schreibt, dass gerade Samojlovič gegen den Terminus „Sarte" Stellung bezog, während Zarubin gegen den Ausschluss des Begriffs gewesen sei (vgl. Hirsch, Francine, *Empire of Nations: Ethnographic Knowledge and the Making of the Soviet Union*, Ithaca/ London (Cornell University Press) 2005, S. 90). In den Jahren 1921-22 besuchte Samojlovič Mittelasien, wo er nicht nur Forschungen durchführte, sondern auch aktiv am gesellschaftlichen und politischen Leben teilnahm. Es ist möglich, dass Magidovič seine Meinung berücksichtigte, auch wenn es darüber keinerlei Angaben gibt. Leider trat Samojlovič in den 1920er Jahren nicht mehr mit einer Darlegung seiner Position bezüglich der Sartenproblematik an die Öffentlichkeit.

[271] Ebd., S. 21.

zu Magidovič nicht so sehr an die Volksmassen, als vielmehr an den Führungswillen der „eingeborenen" Elite und an die politische Zweckmäßigkeit. In seiner Arbeit *Naselenie Samarkandskoj oblasti* [Die Bevölkerung der Samarkander Oblast] (1926) trennte Zarubin noch entschiedener den politischen Aspekt der „Sartenproblematik" vom wissenschaftlichen. Indem er auf die „Unbestimmtheit des Sartenbegriffs selbst" verwies, wiederholte der Verfasser den Gedanken, dass

> heutzutage das Bestreben zur vollständigen Beseitigung dieser Bezeichnung in seiner nationalen Bedeutung Hand in Hand mit dem Ersetzen dieses Terminus in den entsprechenden Fällen durch das Wort Usbeke beobachtet werden kann. Auf diese Weise schließen sich die turkisierten Iraner untereinander inmitten der uzbekischen Masse zusammen. Es können wohl kaum bedeutende Einwände gegen dieses erweiterte [! – S. A.] Verständnis von uzbekischer Narodnost´ vorgebracht werden, da es im Interesse der national-kulturellen Vereinigung steht.[272]

In diesem Zusammenhang fügt Zarubin hinzu, man könne die „uzbekische Nacional´nost´" „zum Zweck wissenschaftlicher Analyse" in ihre Bestandteile aufspalten, d.h. die „turkisierten Iraner" als eine eigenständige Gruppe ausgliedern und diese aus praktischen Gründen mit dem „reinen Arbeitsbegriff Sarte" bezeichnen.[273]
Und so kam zu Beginn der 1920er Jahre, in Anbetracht des Erfordernisses, alle früheren Sarten den Usbeken zuzuordnen, unter Politikern und Gelehrten ein gewisser Konsens zustande. Die Politiker gaben den Auftrag und die Fachleute fanden Argumente für dessen Begründung. In jenem Moment waren alle Seiten teilweise auf diese Allianz angewiesen. Die zentralen Behörden waren dazu gezwungen, die pantürkische Stimmung unter dem Stichwort „Usbeken" für gesetzlich zu erklären. Die „eingeborenen" Führer, die früheren Jadiden inbegriffen, waren dazu genötigt, von demonstrativ protürkischen Leitsätzen Ab-

---

[272] Zarubin, Ivan I., *Naselenie Samarkandskoj oblasti*, L. 1926, S. 20.

[273] Ebd., S. 20f. Im Vergleich zu Magidovič vertrat Zarubin auch in der Frage danach, welche Gruppen außer den Sarten zu den Usbeken gehörten, eine behutsamere Position. U.a. entschied er sich dagegen, die Türk und Kaschgaren darunter zu fassen, nachdem er bemerkt hatte, dass letztere zur eigenständigen Nacional´nost´ der „Uighuren" gerechnet werden könnten.

schied zu nehmen. Die Ethnographen und Statistiker mussten der politischen Zweckmäßigkeit vor der wissenschaftlichen Analyse Priorität einräumen.

„Die Sartenproblematik" in den 1920er Jahren

Es wäre falsch zu behaupten, alle wären mit der beschlossenen Entscheidung bezüglich der Sarten zufrieden gewesen und es wären keine Einwände erhoben worden.[274] Ich habe bereits angeführt, dass Zarubin, der es für verfrüht hielt, den Terminus „Sarte" in den wissenschaftlichen Untersuchungen aufzugeben, seine Zweifel sehr sachte formulierte. Eine ähnliche Meinung vertraten offensichtlich auch viele andere Gelehrte, obgleich es recht schwierig ist, Beispiele für einen offenen, in der Öffentlichkeit ausgetragenen Widerstand gegenüber der Obrigkeit zu finden. Diese Zweifel und der Widerwille demgegenüber, das ethnographische Bild der Region den Politikern zuliebe zu vereinfachen, lagen zwischen den Zeilen wissenschaftlicher Texte verborgen, und man kann sie auch nur beim aufmerksamen Lesen entdecken.

Nehmen wir beispielsweise den Artikel von M. F. Gavrilov *Ėtnografičeskij obzor Turkestana* [Ein ethnographischer Überblick über Turkestan] (1921).[275] Er ging davon aus, die Bevölkerung der Region würde sich in zwei Teile teilen – in einen sesshaften, der vorwiegend „zur iranischen Gruppe arischer Völker" gehört, und in einen nomadischen, der den turk-mongolischen Völkern" zuzuordnen ist. Während

> das Sesshafte vorwiegend iranischen Ursprungs (Tadschiken) ist und einen turk-mongolischen Anteil (Usbeken) aufweist, ist es in Bezug auf sie in gewissem Maße möglich, einen verallgemeinerten Terminus – den der Sarten – anzuwenden. Dennoch

---

[274] Arne Haugen richtete in seinem Buch (*The Establishment of National Republics in Soviet Central Asia*, New York 2003) seine Aufmerksamkeit u.a. darauf, dass kasachische Politiker in der Mitte des 20. Jahrhunderts das Thema der Sarten und deren Unterschied zu den Usbeken in Umlauf brachten, da ihnen daran gelegen war, diese Tatsache im Streit um die Zugehörigkeit von Territorium zu Kasachstan oder Usbekistan auszunutzen (ebd., S. 14–149).

[275] Gavrilov, M.F., „Ėtnografičeskij obzor Turkestana", in: *Očerki chozjajstvennoj žizni Turkrespubliki*, Taškent 1921, 21-26.

müssen sie als Repräsentanten turkisierter Iraner betrachtet werden.[276]

Aus dieser Aussage kann herausgelesen werden, dass der Autor in den „Tadschiken", „Usbeken" und „Sarten" („turkisierte Iraner") drei selbständige Gruppen sieht. Jedoch schreibt Gavrilov in demselben Artikel, dass die Mehrheit der Usbeken die Städte und Dörfer der Syr Darja, Ferghana und Samarkander Oblasti besiedelten, „wo sie manchmal [!? – S. A.] Sarten genannt werden".[277] Im entsprechenden Fall gab er eindeutig den „Usbeken" den Vorzug.

Genauso widersprüchlich schrieb der bekannte Ethnograph und Historiker A.A. Semjonov in seinem wenig bekannten Artikel *K probleme nacional'nogo razmeževanija Srednej Azii* [Zum Problem der nationalen Grenzziehung Mittelasiens] (1924).[278] Er entwickelt im Prozess der Klassifizierung folgende Kategorisierung:

1) „Turkstämme", zu denen die Usbeken gehörten;
2) „iranische Narodnost'", zu denen die Tadschiken zählten;
3) „Semiten";
4) die gemischte turkstämmig-iranische sesshafte Bevölkerung vieler Städte und Siedlungen, die „so genannten Sarten".[279]

Das heißt, Semjonov ordnet die Sarten einer eigenen Gruppe zu, die sich von den Usbeken unterscheidet. Jedoch arbeitete er auf ihre Vereinigung hin:

Die Usbeken stellen dem Umfang nach die größte Narodnost' dar, wenn man zu ihnen auch jene gemischte, iranisch-turkstämmige Stadt- und Dorfbevölkerung [Qišlaq, Wintersiedlungen] hinzurechnet, die seit ehedem Sarten genannt werden.[280]

---

[276] Ebd., S. 22.

[277] Ebd., S. 23.

[278] S Semenov, A.A., „K probleme nacional'nogo razmeževanija Srednej Azii", in: Narodnoe chozjajstvo Srednej Azij, 1924, S. 26-40.

[279] Ebd., S. 26.

[280] Ebd., S. 37.

Der Verfasser nannte diese Gruppe „Usbeko-Sarten".[281] Davon, dass Semjonov den Bezeichnungswandel von „Sarte" zu „Usbeke" nicht als besonders begrüßenswert empfand, zeugen auch seine vorsichtigen Anmerkungen, in dem Wort „Sarte" sei nichts Beleidigendes enthalten. Aber genau die „beleidigende" Bedeutung dieses Namens erklärte zu jener Zeit die Notwendigkeit, auf diese zu verzichten.

Zweifel an der Notwendigkeit, die Usbeken mit den Sarten gleichzusetzen, äußerte auch ein anderer turkestanischer Gelehrter und Orientalist – V. N. Kun. In seinem Artikel *Izučenie ètničeskogo sostava Turkestana* [Untersuchung zum ethnischen Bestand Turkestans] (1924) schrieb er:

> Die umfangreiche Gruppe der Sarten bezeichnet sich selbst, unter dem Einfluss der politischen Ereignisse, die in den letzten Jahren stattgefunden haben, teilweise als Usbeken. Dagegen sprechen jedoch die Physiologie, der Dialekt und das Fehlen einer Gentilordnung. Diese weisen in ausreichendem Maße ihre ethnische Zugehörigkeit nach.[282]

Ein weiterer „alter Turkestaner", N. G. Mallickij, schrieb in seinem unvollendet gebliebenen und unveröffentlichten Artikel *O vzaimootnošenii nazvanij ‚sart' i ‚uzbek'* [Über die Wechselbeziehungen zwischen der Bezeichnung ‚Sarte' und ‚Usbeke'] (1925), es habe sich in der Wissenschaft eingebürgert, die „sesshaften Türk und turkisierten Eingeborenen, die ihre tribalen Lebensgewohnheiten vollständig verloren haben", als Sarten zu bezeichnen. Im alltäglichen Leben hingegen würden mit diesem Terminus überhaupt alle Städter und Bewohner großer Siedlungen bezeichnet, ohne zu unterscheiden, welche Sprache sie sprächen.[283] Mallickij bemerkte, dass bei der Bevölkerung des Ferghanabeckens und des Taschkenter Uezd das Wort „Sarte"

> keine abfällige Konnotation beinhaltet habe und die turkisierte Bevölkerung diese alte Bezeichnung nicht abgelehnt habe, ob-

---

[281] Ebd., S. 39.

[282] Kun, Vl., „Izučenie ètničeskogo sostava Turkestana", in: *Novyj Vostok. Žurnal naučnoj associacii vostokovedenija Sojuza SSR*, Kniga 6-ja, M. 1924, S. 353.

[283] Mallickij, Nikolaj G., „O vzaimootnošenii nazvanij 'sart' i 'uzbek'", in: *Central'nyj gosudarstvennyj archiv Respubliki Uzbekistan, F. 2231, Op.1, D. 46, L. 32-33*, 1925 (unveröffentlicht).

schon sie sich meistens nach dem Namen der einen oder anderen Stadt benannten.

> Ebenso in Chodschent, Samarkand und Buchara
>
> erhielt das Wort ‚Sarte', welches auf eine jede sesshafte, von den Usbeken unterworfene Bevölkerung angewendet wurde, eine leicht abfällige Bedeutung.[284]

Mallickij schreibt auf diesem Hintergrund über die Bezeichnung „Usbeken":

> Seit den ersten Tagen der Revolution wurde der neue Name für die Nation als Symbol der politischen Befreiung bis in den hintersten Winkel des Landes getragen.[285]

Nach seiner Ansicht besteht der „Nachteil des neuen Namens für die Nation" darin, dass die sartischen Bewohner Kaschgars, Jarkents und Khotans (der Städte des östlichen Turkestans oder des chinesischen Sinkiang), auf die man den Terminus „Usbeke" gar nicht („unwissenschaftlich") anwenden könne (weil die Usbeken in diesen Gebieten nie regierten), im Falle der Umbenennung von den Bewohnern Taschkents und des Ferghanabeckens, denen sie „von einem ethnologischen Gesichtspunkt her betrachtet" ähnlich sind, abgeschnitten sein würden. Kurz darauf äußerte sich Mallickij aber bereits optimistischer:

> Es gibt keinen Zweifel daran, dass die Einheit in der Sprache ungeachtet der dialektalen Unterschiede, in Verbindung mit der Vorstellung einer gemeinsamen geistigen und materiellen Kultur, früher oder später zur Vereinigung der gesamten turkophonen, sesshaften Bevölkerung führen wird, sowohl im Westen, als auch im östlichen Turkestan. Und es wäre auch nichts Ungewöhnliches, wenn der Name der Usbeken zum allgemeinen Namen für die Nation gemacht werden würde.[286]

---

[284] Ebd., L. 32.

[285] Ebd., L. 33.

[286] Ebd., L. 34.

Schließlich soll noch die Auffassung V. V. Bartol'ds zur „Sarten"-Problematik nicht unerwähnt bleiben. In den 1920er Jahren hatte er u.a. den Fachartikel *Sart* [Der Sarte] für die *Encyclopaedia of Islam* verfasst. Darin wiederholte Bartol'd die Thesen seiner früheren Arbeiten, die er während und nach der Auseinandersetzung mit Lapin geschrieben hatte, brachte sie jedoch nicht mehr in einem so kategorischen Ton vor:

> Nach der Eroberung Turkestans durch die Usbeken musste der Gegensatz zwischen Usbeken und der besiegten, sesshaften Bevölkerung manchmal offensichtlich stärker empfunden worden sein, als der Gegensatz zwischen Türk und Tadschiken (oder Sarten) [...]. Weniger deutlich war diese Gegenüberstellung in Buchara und Kokand [...]. Für den Kasacken [Kasachen] war jeder sesshafte Bewohner ein Sarte, unabhängig davon, ob er eine Turksprache oder iranisch sprach. In der Amtssprache wurde mit dem Wort Sarte offensichtlich die turkisierte sesshafte Bevölkerung im Gegensatz zu den Tadschiken, die die iranische Sprache beibehalten haben, bezeichnet [...]. In eben dieser Weise wurde jenes Wort auch unter europäischen Gelehrten gebraucht, ungeachtet der Tatsache, dass es schwierig war, den Unterschied zwischen Sarten und Usbeken zu definieren.[287]

Weiter schrieb Bartol'd, wobei er die Rolle eines Kritikers der nationalen Neugliederung übernahm:

> Der sesshafte Bewohner Mittelasiens fühlt sich zuallererst als Muslim und dann bereits als Einwohner einer bestimmten Stadt oder eines bestimmten Ortes. Der Gedanke der Zugehörigkeit zu einem bestimmten Volk hat für ihn keinerlei Bedeutung. In letzter Zeit jedoch erwachten unter dem Einfluss der europäischen Kultur (vermittels Russlands) nationale Einheitsbestrebungen. Das Wort Sarte [...] ist heute aus dem Sprachgebrauch verbannt. Jetzt wird neben einer kasachischen, turk-

---

[287] Bartol'd, Vasilij V., „Sart", in: Ders., *Sočinenija*, T. 2, Čast' 2, *Raboty po otdel'nym problemam istorii Srednej Azii*, M. 1964, S. 528.

menischen und tadschikischen nur noch die usbekische Nacional´nost´ anerkannt.[288]

Im Artikel *Tadžiki* [Tadschiken] im Sammelband *Tadschikistan* (1925) wiederholte Bartol´d, der weiterhin aktiver Mitarbeiter der Akademie der Wissenschaften der UdSSR war und als Experte einer Kommission zur Untersuchung von Stammesstrukturen angehörte, seine Betrachtungen zu den Sarten, jedoch mit leicht geänderten Vorzeichen:

> Im 19. Jahrhundert wurde das Wort Sarte häufig von Historikern aus Kokand benutzt. Dabei wurden die Sarten mehrfach in einem Atemzug mit „Usbeken und Tadschiken" genannt. Die Sarten unterschieden sich folgerichtig von den Tadschiken, aber ob man unter dem Wort Sarte ausschließlich den turkisierten Teil der lokalen sesshaften Bevölkerung (eine solche Bedeutung versuchten die Vertreter der europäischen und russischen Wissenschaft dem Wort Sarte zu verleihen) verstand, war aus den Worten der Historiker nicht ersichtlich. Oft wurde im Ferghanabecken der Ausdruck „Usbeken und Sarten" in der Bedeutung „Gesamtbevölkerung" benutzt, d.h. die Sarten haben sich merklicher von den Usbeken unterschieden als von den Tadschiken.

Desweiteren wiederholte Bartol´d auf Nalivkin Bezug nehmend dessen Auffassung, man könne gewöhnlich sesshafte Usbeken und Tadschiken als Sarten bezeichnen. Aber da im Ferghanabecken die sartischen Usbeken gegenüber den sartischen Tadschiken in der Mehrheit seien, so müsse das „Turki" als eine „sartische" Sprache bezeichnet werden:

---

[288] Ebd., S. 528f. Bartol´d war ein Gegner der national-staatlichen Grenzziehung, was aus einer seiner Notizen hervorgeht. Hier schrieb er: „Das nationale Prinzip, wie es bei der national-staatlichen Grenzziehung Mittelasiens im Jahre 1924 ins Leben gerufen worden ist, bildete sich in der westeuropäischen Geschichte des 19. Jahrhunderts heraus und war den einheimischen historischen Traditionen fremd" Bartol´d, Vasilij V., „O nacional´nom razmeževanii v Srednej Azii", in: *Vostok*, No. 5, 1991, S. 165. Dabei musste der Gelehrte dennoch einräumen, dass „sich unter dem Einfluss der gesamten Europäisierung des Ostens die europäischen Prinzipien, die man sich bereits angeeignet hatte, manchmal als stärker erwiesen als die lokalen Traditionen" (ebd., S. 166).

> Und überhaupt, in dem Maße, wie sich der Übergang der Usbeken in die Sesshaftigkeit vollzog, wurden den Sarten nicht mehr wie früher die Usbeken gegenübergestellt, sondern die Kasachen. In jüngerer Zeit wurde anerkannt, dass das Wort Sarte die Eingeborenen beleidige, und dieses Wort wurde aus dem Sprachgebrauch verbannt.[289]

Schließlich stellte Bartol'd im Entwurf zur Volkszählung 1926 fest, dass

> der Terminus Sarte wahrscheinlich nicht für die Volkszählung zugelassen [!! –S. A.] wird. Zweifelsohne wird es jedoch ausreichend Fälle geben, in denen sich die Bevölkerung selbst als Sarten bezeichnen wird (in Einzelfällen, aber auch in ganzen Gebieten). In diesen Fällen wäre es wünschenswert, dass obwohl diese Subjekte zur usbekischen Narodnost' hinzugezählt werden, als Zusatz die Bezeichnung Sarte in Klammer beigefügt werde.[290]

Alle diese Zitate aus den Arbeiten Bartol'ds verweisen darauf, wie er nicht von seiner Meinung abzurücken vermochte, auf welcher er bereits im Gelehrtenstreit mit Lapin zweieinhalb Jahrzehnte früher beharrt hatte. Die zentrale Behaup-

---

[289] Bartol'd, Vasilij V., „Tadžiki. Istoričeskij očerk", in: Ders., *Sočinenija*, T.2, Čast' 1, *Raboty po otdel'nym problemam istorii Srednej Azii*, S. 462.

[290] Zitiert nach: Tumanovič, N.N., „Opisanie archiva akademika V.V. Bartol'da", in: *Annotirovannaja bibliografija trudov V.V. Bartol'da. Opisanie archiva akademika V.V. Bartol'da*, Umnjakov, I.I./ Tumanovič, N.N., M. 1976, S. 351. In dieser wissenschaftlichen Schrift schrieb Bartol'd: „Es kann eine Schwierigkeit bei der Bestimmung der nationalen Zugehörigkeit eines Subjekts in den Fällen auftreten, in denen das nationale Selbstbewusstsein bezüglich Territorium, Art, Stamm oder Religion getrübt oder ausgetauscht wird. In vereinzelten Fällen kann die Ähnlichkeit nationaler Gruppen Zweifel daran schüren, zu welcher Narodnost' ein Subjekt zu zählen ist" (ebd., S. 350). Faktisch schlug Bartol'd vor, bei der Volkszählung eine Mehrfach-Identität festzuhalten: Bei der Bestimmung, ob jemand Tadschike oder Iraner ist, sei „die Religion des Subjekts" (sind sie Sunniten oder Schiiten) zu vermerken. Bei den Usbeken sei unbedingt der Name des Stammes näher zu bestimmen. Bei den Karakalpaken und „Türk" sei zu fragen, ob sie sich selbst für Usbeken hielten, und auf jeden Fall sei deren karakalpakische und „türkische" Zugehörigkeit in Klammer schriftlich festzuhalten. Auf dieselbe Weise sei mit den „Kiptschaken" zu verfahren. So habe man genau zu bestimmen, ob sie sich Usbeken oder Kirgisen nennen etc. nennen würden (ebd., S. 350f.).

tung Bartol'ds, die Sarten seien im Grunde genommen iranischen Ursprungs, blieb weiterhin bestehen. Die Tatsache, dass sie eine Turksprache sprechen, ist seiner Ansicht nach nicht von grundlegender Bedeutung. Wichtiger sei es, dass zwischen den historischen Wurzeln dieser Bevölkerung sowie der Geschichte des Terminus Sarte nur ein geringer Zusammenhang mit den Türk im Allgemeinen und den Usbeken im Besonderen bestehe. Die „sartische Identität" zu bewahren – wenn auch nur im Rahmen der Zuschreibung zum Namen „Usbeke" – hieße, dass man der wissenschaftlichen Wahrheit, die sich nicht der politischen Konjunktur anpassen dürfe, Gerechtigkeit widerfahren lasse. In der Tat sind alle Argumente Bartol'ds bereits dagewesen. Ethnographische oder anthropologische Beweise verwendet er keine. Und genau da lag seine „Achillesferse".

Die Widersprüche der akademischen Gesellschaft kommentierend,[291] schrieb einer der sowjetischen Ideologen, ein gewisser M. Nemčenko, in seiner Arbeit *Nacional'noe razmeževanie Srednej Azii* [Die nationale Grenzziehung Mittelasiens] (1925), dass

> dem nationalen Moment im feudalen Mittelasien keinerlei Bedeutung zukam. Diese Tatsache wirkte sich übrigens auf das Verhältnis russischer Orientalisten und Historiker, die besser mit der Vergangenheit des Landes als mit dessen Gegenwart bekannt waren, zur nationalen Grenzziehung aus, für die sie in der Geschichte keine zwingenden nationalen Voraussetzungen finden konnten.[292]

Nemčenko nannte die Ansichten der Orientalisten und Historiker „abwegig" und „anachronistisch":

> Das nationale Selbstbewusstsein und mehr noch das Streben nach nationaler Selbstbestimmung sind nicht einfach das Ergebnis davon, dass Menschen in einer Gemeinschaft leben, eine

---

[291] Es lohnt, darauf hinzuweisen, dass der konsequenteste und autoritätsbehaftetste Anhänger des ersteren, N. P. Ostroumov, der Ende 1917 dazu gezwungen wurde, Turkestan zu verlassen, zu Beginn der 1920er Jahre wieder zurückkehrte. An der Diskussion um die Ersetzung des Terminus „Sarte" durch den Terminus „Usbeke" beteiligte er sich jedoch nicht.

[292] Nemčenko, M., *Nacional'noe razmeževanie Srednej Azii*, M. 1925, S. 4.

gemeinsame Sprache sprechen, sich zu einer Religion bekennen und einem Stamm oder einer Gruppierung angehören.[293]

Das Entstehen einer „Nation" ist nicht nur das Ergebnis wissenschaftlicher Analyse irgendwelcher objektiven Merkmale, sondern auch eine politische Entscheidung, die nicht durch irgendwelche formellen Kriterien beschränkt werden könne und müsse.

Die Gelehrten alter Schule versuchten so der Obrigkeit zu zeigen, wie deren überstürzte Entscheidung der Wissenschaft zuwiderlaufe. Indessen bekamen sie zur Antwort, dass politische Zweckmäßigkeit und politischer Wille wichtiger als akademische Weisheit seien.[294] Etwas Ähnliches – daran möchte ich erinnern – hatte, obschon nicht in einer solch radikalen Form, irgendwann N.P. Ostroumov verfochten, der ein origineller Mittler zwischen der Wissenschaft des Russischen Reiches und der kolonialen Macht in Turkestan war.

Die Volkszählung des Jahres 1926 – Zum ersten Mal ohne Sarten

Die Versuche Anfang der 1920er Jahre, eine neue Klassifikation der National'nosti des jetzt bereits „sowjetischen" Mittelasiens zu kreieren, stellten die an diesem Prozess Beteiligten vor dieselben Fragen und Probleme in der ethnographischen „Sicht" auf die Region, die schon im Russischen Reich gestellt und nicht gelöst worden waren. So gesehen war die Sowjetmacht, die das Erbe der vorhergehenden Epoche zurückwies, ein vollkommen legitimer Nachfolger der früheren Macht, indem sie alle Institute, Technologien und Diskurse letzterer nutzte. Jedoch habe ich daraus nicht geschlossen, im Jahre 1917 wäre eine künstliche historische Wasserscheide entstanden und die UdSSR wäre eine leicht verbesserte Auflage des Russischen Reiches. Die Revolution und die revolutionäre Zeit bedeuteten für das soziale Miteinander und das gesellschaftliche Bewusstsein völlig neue Spielregeln. U.a. „umkodierte" die sowjetische Obrigkeit jeden Status, alle Beziehungen, Privilegien und Hierarchien und

---

[293] Ebd., S. 3.

[294] Übrigens verschwand die Frage nicht, ob der usbekischen Nation gemeinsame nationale Merkmale wie Sprache, Kultur, gemeinsame Geschichte, Selbstbewusstsein und sogar anthropologisches Aussehen etc. eigen sind. Während der sowjetischen Zeit bemühte man sich sehr stark zu beweisen, dass dies der Fall war und es immer noch ist, aber trotz alledem blieben Zweifel.

schuf ein neues soziales Koordinatensystem,[295] in dem die „Nacional´nost´"' eine der Schlüsselfunktionen besetzte. Die Reformen der 20er Jahre des letzten Jahrhunderts führten dazu, dass die nationalen Klassifikationen von abstrakten Entwürfen, die von Zeit zu Zeit lokal und behördlich durch die Obrigkeit benutzt wurden, zu einem der grundlegenden Prinzipien des Staatswesens und zu einem der wesentlichen Werkzeuge zur Verwaltung des neuen Staates umgestaltet wurden.

Im Frühling des Jahres 1924[296] beschloss das ZK der RKP(B) [Russische Kommunistische Partei der Bolschewiken] mit Zustimmung der einheimischen Führer die national-staatliche Grenzziehung Mittelasiens. Der Beschluss wurde sogleich innerhalb eines Jahres umgesetzt. Bis zum Jahre 1925 wurde die politische Landkarte der Region in großen Teilen umgekrempelt. Die Turkestanische, Bucharische und Choresmische Republik wurden aufgelöst und an ihre Stelle traten zwei neue, Usbekistan und Turkmenistan. Ein Teil des Territoriums ging in den Besitz der bereits existierenden kirgisischen (später dann kasachischen) autonomen Republik über, die Teil der russischen Föderation war. Ebenfalls bildeten sich die autonome tadschikische Republik (mit der autonomen Oblast´ Berg-Badachschan), die ein Teil Usbekistans war,[297] die autonome karakalpakische Oblast´ und die autonome kara-

---

[295] Vgl. z. B. Ficpatrik, Šejla, „Pripisyvanie k klassu' kak sistema social´noj identifikacii", in: *Amerikanskaja rusistika: Vechi istoriografii poslednich let. Sovetskij period. Antologija*, Samara 2001, S. 174-207.

[296] Die Idee, mittelasiatische Staaten auf der Basis nationaler Merkmale zu errichten, entstand 1920 und beherrschte im Jahre 1923 das Denken der sowjetischen Eliten (und zwar nicht aus dem Nichts heraus. Die Schaffung nationaler Autonomien auf dem Territorium des ehemaligen Reiches setzte im Augenblick von dessen Verfall ein, zuerst in den westlichen und den zentralen Regionen). Bereits damals war die turkmenische autonome Oblast´ als Teil der bucharischen sowjetischen Volksrepublik gebildet worden. Dieselbe Oblast´ wurde auch innerhalb der Turkestanischen ASSR gegründet. Im selben Jahr 1923 erschien eine Menge vielfältiger Entwürfe, wie die Karte der Region in ihrem Zuschnitt völlig umgestaltet werden könnte.

[297] In der vorliegenden Untersuchung werden wir die Frage danach nicht berühren, wie sich die Diskussion über die Wechselbeziehungen zwischen Usbeken und Tadschiken zu sowjetischer Zeit schrittweise entwickelt hat, wie und in welchem Zusammenhang u.a. die Entscheidung von 1929 gefällt wurde, eine eigenständige tadschikische SSR zu schaffen. Es ist darauf hinzuweisen, dass sich Mitte der 1920er Jahre aus dem Kreis der ehemaligen Jadiden und Turkisten, als Folge eines erbitterten Kampfes verschiedener Gruppierungen, eine neue „tadschikische Elite" absonderte und organisierte. Diese legte einen „großen tadschikischen Entwurf", eine Alternative zum „usbekischen", dar,

kirgisische Oblast' (später kirgisisches Oblast'), die sich zur autonomen Republik Kasachstan zusammenschlossen.[298] Die neuen Staaten wurden, wie schon aus deren Bezeichnungen ersichtlich, zu „Nationalstaaten" erklärt, was zugleich bedeutete, eine amtliche Nomenklatur und Hierarchie der mittelasiatischen Völker zu schaffen. Die wichtigsten Nacional'nosti waren die „Usbeken", „Turkmenen" und „Kasachen" (zuerst „Kirgisen"), die Nacional'nosti zweiten und dritten Ranges waren die „Tadschiken", „Karakalpaken" und „Kirgisen" (dann „Karakirgisen, heute „Kirgisen [Qyrghyz]").[299] Einem noch niedrigeren Rang wurden die einfachen kleinen Nacional'nosti zugerechnet, deren Auflistung wesentlich amorpher war und sich ständig präzisierte. Letzteren wurde im Rahmen regionaler und kommunaler Institute in Teilen kulturelle und administrative Autonomie zugestanden.

Der bevölkerungsreichste Staat der Region wurde die Usbekische SSR, deren Gründung das letzte Glied in einer Kette von Kompromissen und Abkommen war, die zwischen den Bolschewiken und der „eingeborenen" Elite ausgehandelt worden waren. Die Wahl des Titularnamens „Usbeke" zur Bezeichnung des Nationalstaates passte beiden Seiten ins Konzept. Wie ich bereits gesagt habe, bedeutete dies in den Augen der Bolschewiken die Abwendung von einem radikalen Panturkismus. Den lokalen Führern, einschließlich der Jadiden, wurden die von ihnen heißbegehrten, weiten, turkstämmige Gebiete überlassen, wo sie endlich ihre kulturellen Vorhaben verwirklichen konnten. Die Leichtigkeit, mit der sich letztere von dem Namen „Sarten" trennten, fügte sich dem Entwurf der neuen Nation vollständig ein, in dem kein Platz

---

und bemühte sich, einen bedeutenden Teil der mittelasiatischen Bevölkerung in diesen Entwurf mit einzubeziehen, darunter auch die ehemaligen Sarten. Irgendwann, während des Übergangs der 1920er-1930er Jahren, hatte dieser Entwurf gewisse Chancen, realisiert zu werden. Schlussendlich blieb der „tadschikische Entwurf" jedoch, im Unterschied zum „usbekischen", nur eine verlockende Konstruktion.

[298] Später durchliefen der administrative Status und die Grenzen dieses Gebildes Veränderungen. Kasachstan, Tadschikistan und Kirgisien wurden unabhängige Unionsrepubliken. Die Karakalpakia wurde eine autonome Republik innerhalb Usbekistans. Genaueres über die nationale Neufestlegung der Grenzen in Mittelasien. Vgl. Haugen, Arne, *The Establishment of National Republics in Soviet Central Asia*, New York 2003.

[299] Es gibt Gründe, anzunehmen, dass diese Aufteilung in verschiedene Ränge darauf abzielte, die Nacional'nosti eines niederen Ranges in Zukunft möglicherweise in den Nacional'nosti eines höheren aufgehen zu lassen.

mehr für irgendwelche beliebigen Anspielungen auf ein iranisches Element[300] und den imperialen Kolonialismus bleiben durfte. Darüber hinaus standen an der Spitze des neuen Staates Jungbucharer, d.h. gebürtige Bucharer, denen der Terminus „Sarte" historisch fremd war.[301]
Die Schaffung einer usbekischen Staatlichkeit bedeutete noch nicht, dass sich auch alle neuen Bürger Usbekistans sofort als Usbeken empfanden. So stand die Frage auf der Tagesordnung, wie man die Technologie, mit deren Hilfe diese Aufgabe lösbar war, wirksam einsezen konnte. Eine dieser Techniken war die Gesamtsowjetische Volkszählung des Jahres 1926.[302]
Der Zweck früherer Versuche, die Bevölkerung Mittelasiens zu klassifizieren, bestand in der Notwendigkeit, das Wissen über die Region zu ordnen, sie konzeptionell zu „erobern", und sie an das Imperium und somit an die Welt anzuschließen. Das imperiale Modell ethnographischer Beschreibung war „kolonialisierend", für das „Typen" oder „Typenreihen" von Interesse waren, die für das eine oder andere Volk standen. Die Frage danach, zu welcher „Typenreihe" ein jeder konkrete Mensch gehört, war unwesentlich, zweitrangig. In

---

[300] Einige einflussreiche Jadiden (z. B. Abdurauf Fitrat) schlugen nach 1917 vor, diesen Teil der türkischen Gemeinschaft, genauer gesagt ihre Sprache, mit dem Terminus „čagataisch" zu belegen. Jedoch verdrängte die Bezeichnung „Usbeke", als populärstes Kennzeichen der regionalen Besonderheit des Panturkismus, den Terminus „Čagatai" ohne weiteres (Vgl.: Baldauf, Ingeborg, "Some Thoughts on the Making of the Uzbek Nation", in: *Cahiers du monde russe et sovietique, Vol. XXXII (1)*, Paris janviermars 1991, S. 83-86; Khalid, Adeeb, "Nationalizing the Revolution in Central Asia: The Transformation of Jadidism, 1917-1929", in: *A State of Nations: Empire and Nation-Making in the Age of Lenin and Stalin*, Suny, Ronald G./ Martin, Terry (Hgs.), N.Y. (Oxford University Press) 2001, S. 157f.).

[301] Vgl. Komatsu, Hisao, "The Evolution of Group Identity among Bukharan Intellectuals in 1911-1928: An Overview", in: *Memoirs of the Research Department of the Toyo Bunko, No.47*, Tokyo 1989; Obiya, Chika, "When Faizulla Khojaev Decided to Be an Uzbek", in: *Islam in Politics in Russia and Central Asia (Early Eighteenth to Late Twentieth Centuries)*, Dudoignon, Stéphane A./ Komatsu, Hisao (Hgs.), London/ N.Y./ Bahrain 2001, S. 99-118. Unter den turkestanischen Jadiden spielten die gebürtig aus Samarkand Stammenden, wo die Situation in Bezug auf den Namen „Sarte" die gleiche wie in Buchara war, eine große Rolle. Nebenbei bemerkt war Samarkand von 1924 bis 1930 die Hauptstadt des neu gebildeten Usbekistans.

[302] Vgl. Abramson, David, "Identity Counts: The Soviet Legacy and the Census in Uzbekistan", in: *Census and Identity: The Politics of Race, Ethnicity, and Language in National Censuses*, Kertzer, David I./ Arel, Dominique (Hgs.), Cambridge (Cambridge University Press) 2001, S. 176-201.

den 1920er Jahren, nach der Revolution der Bolschewisten, wurde ein neues Modell zur Wechselwirkung von Macht und Wissen geschaffen: das „staatsbildende" Modell. Die ethnographischen Klassifikationen sollten von nun an dem „konzeptionellen Umbau" Mittelasiens dienen. Die wissenschaftlichen Kategorien mussten in sozial-administrative Ränge und in wirkliche Identitäten umgewandelt werden.[303] An erster Stelle stand die Frage danach, wie die eine oder andere Kategorie jedem einzelnen Menschen „zuzuordnen" sei. Die Volkszählung, die nur darauf abzielte, den Menschen mit der einen oder anderen Kategorie in Beziehung zu setzen, begann, ebenso wie andere Institute, eine weitere wichtige Funktion zu erfüllen: Die gefestigte Klassifikation ins Bewusstsein eines jeden Gesellschaftsgliedes zu tragen, d.h. den Wandel von einem abstrakten Entwurf zu einem tatsächlichen Selbstbewusstsein der Menschen zu vollziehen.

Die gesamtsowjetische Volkszählung von 1926 wandte sich, unter Umgehung von Vermittlern in Person lokaler Beamter oder Familienoberhäupter, mit der Frage nach der „Nacional´nost´" das erste Mal persönlich an jeden Bewohner Mittelasiens.[304] Die Frage nach der „Narodnost´" sollte, so hatten es die

---

[303] Dieses Modell wurde in Jurij Slezkins Artikel „SSSR kak kommunal´naja kvartira, ili Kakim obrazom socialističeskoe gosudarstvo pooščrjalo ėtničeskuju obosoblennost´" [Die SSSR als Wohngemeinschaft, oder: Wie der sozialistische Staat die ethnische Abgrenzung förderte] gut analysiert. (Slezkin, Jurij, „SSSR kak kommunal´naja kvartira, ili Kakim obrazom socialističeskoe gosudarstvo pooščrjalo ėtničeskuju obosoblennost´", in: *Amerikanskaja rusistika:vechi istoriografii poslednich let. Sovetskij period*, Samara 2001). Vgl. auch die neuen Studien: Martin, Terry, *The Affirmative Action Empire: Nation and Nationalism in the Soviet Union, 1923-1939*, Ithaca/ N.Y. (Cornell University Press) 2001; Suny, Ronald G./ Martin, Terry (Hgs.), *A State of Nations: Empire and Nation-Making in the Age of Lenin and Stalin*, N.Y. (Oxford University Press) 2001; Martin, Terry, „Imperija pozitivnogo dejstvija: Sovetskij Sojuz kak vysšaja forma imperializma?", in: *Ab Imperio*, No. 2, 2002. Vgl. ebenfalls das bereits genannte Buch von Francine Hirsch: Hirsch, Francine, *Empire of Nations: Ethnographic Knowledge and the Making of the Soviet Union*, Ithaca/ London (Cornell University Press) 2005. Zu dem, was diese Autoren gesagt haben, lässt sich hinzufügen, dass es falsch wäre, dieses Modell als ein „verkehrtes" oder „verbrecherisches" zu bewerten. Dieses Modell war das Ergebnis eines bestimmten Konsens verschiedener Interessen, so wie man sie damals verstand. Darüber hinaus eröffnete dieses Modell neue Möglichkeiten für eine soziale Mobilität in der Gesellschaft.

[304] Im Fall, dass es zu Streitigkeiten kam, welcher Nationalität das Kind angehöre, wurde die Narodnost´ der Mutter eingetragen. Die Frage nach der „Muttersprache" wurde dem Prüfenden überlassen.

Organisatoren der Auswertung angedacht, den Menschen zeigen, dass es um ihre ethnische und nicht um die bürgerliche Zugehörigkeit ging. Aber für Mittelasien wurde diese Bedingung nicht erfüllt. Ins Usbekische übersetzt klang das in den Volkszählungslisten stehende Wort „*Narodnost*" wie „*Millat*", während die Leute ihre ethnische (den Stamm betreffende) Herkunft gewöhnlich mit dem Terminus „*Qaum*" bezeichneten. Daher war die Antwort „Usbeke" als Angabe für die Zugehörigkeit zu Usbekistan im Verfahren der Volkszählung selbst teilweise schon vorprogrammiert. Außerdem wurden Werbeaktionen durchgeführt, um den Leuten einen Tipp zu geben, welche Antwort „richtig" sei.[305]

Die neuen Funktionen der Volkszählung stellten zusätzliche Anforderungen an das Verfahren, wie das gesammelte Material auszuwerten sei. U.a. änderte sich die Art und Weise, nach der die Verzeichnisse zur Nacional´nost´ angelegt wurden. Während die früheren Volkszählungen durch eine Vielzahl von Zentren zur Ausarbeitung der Nomenklatur (Innenministerium und Kriegsministerium, Zentrum und lokale Statistikorgane, Gelehrte der Akademie der Wissenschaften und Hobbyforscher) geprägt war, so wurde das Verfahren mit der Zeit zunehmend zentralisiert und reglementiert. Dabei verfügte das Zentrum nicht einfach nur über die größere Autorität, sondern über das ausschließliche Recht, die endgültige Entscheidung zu treffen, das keinen Widerspruch erlaubte. Alle während der Volkszählung erhobenen Daten über die Selbstbezeichnungen der mittelasiatischen Bevölkerung wurden mit der Liste der sowjetischen Völker, die von den höheren Instanzen als gültig erklärt worden war, abgeglichen. Die nichtregistrierten Namen, u.a. „Sarte", wurden

---

[305] Rachimov, R.R., „K voprosu o sovremennych tadžiksko-uzbekskich mežnacional´-nych otnošenijach", in: *Ètnografičeskoe obozrenie*, No.1, 1991, S. 16. Die Ergebnisse der Volkszählung von 1926 wurden u.a. von den frischgebackenen tadschikischen Führern mit Kritik versehen. A. Rachimboev, der Schüler Ostroumovs, ehemals Mitglied des „Islamrats", später verantwortlicher Sekretär des ZK der Kommunistischen Partei Turkestans und aktiv an der nationalen Neufestlegung der Grenzen beteiligt, beendete seine Karriere auf dem Posten des SNK Vorsitzenden der Tadschikischen SSR. Er behauptete: „Ich beweise und sage, dass die Volkszählung in Usbekistan vom Jahre 1926 Quatsch ist" (vgl. Masov, Rachim, *Istorija topornogo razdelenija*, Dušanbe 1991, S. 117). Nichtsdestotrotz waren die Ergebnisse der Volkszählung ein offizielles Dokument, dass von den zentralen Organen beglaubigt war, und auf dessen Grundlage Beschlüsse erörtert und verabschiedet wurden.

gestrichen und durch registrierte ersetzt, so wie es die einheitliche Anweisung vorschrieb.[306] Alle Debatten zu diesem Thema waren beendet.

Das vorläufige Endergebnis der Volkszählung in Usbekistan wurde sehr rasch veröffentlicht – bereits im Jahre 1927.[307] Die Kommentierung dazu bereitete der Leiter der Abteilung für Demographie (oder der Leiter der Abteilung für Sozialstatistik) der Zentralen Statistischen Verwaltung der Usbekischen SSR, B.F. Morozov, vor. Über die Usbeken, die die „dominierende Narodnost´" in Usbekistan" ausmachten, schrieb er:

> [Sie (die dominierende Narodnost´)] haben sich auf dem Territorium Mittelasiens im 16. Jahrhundert n. Chr. durchgesetzt. Einst waren sie Nomaden, die Viehhaltung betrieben und durch die nördlichen Steppen und Wüsten Mittelasiens zogen. Heute sind sie vollständig sesshaft und betreiben hauptsächlich Ackerbau.[308]

Über die Sarten verlor Morozov nicht ein Wort, nannte jedoch die Tadschiken, die

> seit längst vergangenen Zeiten Mittelasien besiedeln, einst die bedeutendste Gruppe der sesshaften, Ackerbau betreibenden Bevölkerung gestellt hatten und erst später von den anrückenden Nomaden in die Berge verdrängt wurden.[309]

---

[306] Übrigens kam der Apparat, der zur Auslese nicht benötigter Namen geschaffen wurde, nur bei den Sarten zur Anwendung. Die meisten anderen Stämme aus der ethnographischen Klassifikation des Reiches wechselten in die sowjetische Klassifikation. In das Verzeichnis der Völker aus dem Jahre 1926 wurden großzügig auch viele neue Gruppen einbezogen. In dieser Hinsicht hatte die Volkszählung von 1926 einen Übergangscharakter. Aber bei der Durchführung der darauffolgenden Volkszählungen nutzte die sowjetische Obrigkeit die Möglichkeit, „überflüssige" Völker zu streichen, in vollem Maße.

[307] Vgl. *Materialy Vsesojuznoj perepisi naselenija 1926 goda v Uzbekskoj SSR, Vyp. 1, Poselennye itogi*, Samarkand 1927.

[308] Morozov, B.F., „Naselenie Uzbekistana (bez Tadžikistana) po materialam Vsesojuznoj perepisi 1926 goda", in: *Materialy Vsesojuznoj perepisi naselenija 1926 goda v Uzbekskoj SSR*, S. xx.

[309] Ebd., S. xxi.

Mit dem Jahr 1926 verschwanden die Sarten endgültig von der ethnographischen Karte Mittelasiens.
Der bekannte Spezialist für die usbekische Sprache, E.D. Polivanov, der in den 1920er Jahren in Mittelasien arbeitete und sich aktiv an der nationalstaatlichen Grenzziehung beteiligte, zog in seiner Arbeit *Etnografičeskaja charakteristika uzbekov* [Die ethnographische Charakteristik der Usbeken] (1926) folgendes Fazit aus dem ganzen Bedeutungswandel des Namens „Sarte", der sich Anfang des 20. Jahrhunderts vollzog:

> Der Terminus „Sarte" ist der einzige mehr oder weniger allgemein bekannte Terminus mit ethnischer Bedeutung, der unter den sesshaften Usbeken verbreitet ist. D.h. man muss die Entwicklung des Begriffs im Sinne eines Bedeutungswandels des Wortes „Sarte" von etwas Sozial-Ökonomischem [...] hin zu etwas Ethnischem [...] als vollzogen betrachten [...]. Hier ist die folgende Frage absolut berechtigt: Warum übernahm die revolutionäre Intelligenzia Usbekistans nicht das Wort „Sarte", um die usbekische Nacional´nost´ zu bezeichnen? Warum haben wir also jetzt keine „Sartische" sondern eine „Usbekische" S[owjetische] S[ozialistische] Republik? Meines Erachtens sind hier zwei Umstände zu berücksichtigen: Zunächst sind die türkische (turkstämmige) Färbung des usbekischen Nationalismus [...] sowie der Terminus „Usbeke" im Besonderen mit den historischen Traditionen des turkischen Stammes verbunden [...], was man vom Terminus „Sarte" nicht sagen kann [...]. Zweitens bringt man den Terminus „Sarte" mit der unangenehmen Erinnerung an die Epoche des russischen, zaristischen Kolonialismus in Verbindung [...], und daher ist das Wort bereits abgeurteilt. Hinzu kommt noch die abwertende [...] volkstümliche Etymologie [...], die „Sarte" von „Sary it" [...], das bedeutet „gelber Hund", herleitet.[310]

---

[310] Polivanov, Evgenij D., *Ètnografičeskaja charakteristika uzbekov, Vyp.1, Proischoždenie i naimenovanie uzbekov*, Taškent 1926, S. 17f. In etwa dasselbe schreibt auch die heutige, deutsche Wissenschaftlerin Ingeborg Baldauf: „Möglicherweise war „Usbeke" ein Terminus, der noch am allerwenigsten an die vorhergegangenen ideologischen und politischen Bedeutungen gebunden war. „Türk" war wegen dem „Turkismus" verdächtig, „Čagataj" wegen des „Turkestanismus", „Sarte" wegen des russischen Großmachtchauvinismus, und „Muslim", das liegt auf der Hand [...]. Möglicherweise waren die positiven Bedeutungen, welche historisch mit den „Usbeken" verbunden

Schlussfolgerung

Am Ende dieser Arbeit komme ich auf eine der wichtigsten Behauptungen des britischen Historikers Benedict Anderson in dessen Buch *Imagined Communities* zurück, in dem er sagt, dass sich das Reich, bevor der Nationalismus aufkam, sich Nationen ausdachte, und dass durch das Vordringen der imperialen Verwaltung diese nationalen Identitäten „vergegenwärtigt", d.h. in eine fühlbare Wirklichkeit verwandelt wurden.

Wir sehen, dass das Beispiel der Sarten nicht ganz in dieses Schema passt. Die russischen Beamten und Gelehrten schufen in ihren Verwaltungsphantasien und wissenschaftlichen Träumen unter dem Namen „Sarten" eine Narodnost´. Diese Identität entwickelte einerseits dank des aktiven Vorrückens einiger einflussreicher Kolonialisten und andererseits dank der Trägheit und Gewohnheit diesem Namen gegenüber, ein soziales Eigenleben. Jedoch vermochte es die imperiale Macht nicht, diesem Prozess auf den Grund zu gehen und ihn bis zum Ende zu durchdenken (was Anderson so auch nicht abstreitet). An diesem Prozess waren Kräfte beteiligt, die zwar im Namen des Staates sprachen, aber nicht annährend über die Staatsmacht verfügten. Die staatliche Macht des Russischen Reiches war heterogen. Innerhalb dieser Macht wurden verschiedene Interessen dargelegt und verschiedene Zukunftsentwürfe in Augenschein genommen. Hin und wieder wurden intensive Diskussionen geführt, wobei bisweilen Unentschlossenheit und eine Angst vor Veränderungen an den Tag traten.

Alle, die an der Auseinandersetzung um die Sarten beteiligt waren, schauten von ihrer ureigenen Warte, unter Berücksichtigung ihres Bildungsgrads, Berufs, Wohnorts, sozialen Status und ideologischer Präferenzen, auf diese. Bildhaft ausgedrückt hatte jeder einen Bekannten, der Sarte war, an dem er seine Ansichten überprüfte. Es gab keine einhellige Meinung, und es konnte auch keine geben, weil keine Instanz existierte, die diese Einvernehmlichkeit hätte legitimieren können. Die „Sarten" blieben so in jener ethnographischen Klassifikation, welche sich die Beamten und Gelehrten als eine unvollendete, heterogene und nicht ausreichend legitimierte Kategorie zu denken versuchten.

Zweitens fiel, was noch wichtiger war, im Moment des Zusammenbruchs des Russischen Reiches jenes Bild, welches, wie es schien, jahrzehntelang dominierte, mit einem Mal in sich zusammen. Die politische, auf gemeinsamen

---

waren, zugunsten dieses Terminus ausschlaggebend" Baldauf, Ingeborg, "Some Thoughts on the Making of the Uzbek Nation", in: *Cahiers du monde russe et sovietique*, Vol. XXXII (1), Paris janvier-mars 1991, S. 91f.).

Kompromissen begründete Allianz der Bolschewiken (und überhaupt der linken Kräfte) mit den lokalen Nationalisten und Reformanhängern führte zur Schaffung einer völlig neuen Klassifikation der mittelasiatischen Völker, die den Bündnispartnern aus verschiedenen Gründen, von denen ausführlich berichtet wurde, mehr entgegenkam. Für den Terminus „Sarte" gab es in dieser Konstruktion keinen Platz mehr, und so wurde er kurzerhand den augenblicklichen politischen Umständen halber geopfert. Und so ging die Geschichte ihren Gang: Mittelasien wurde auf fünf „*Titular*"-Nationen aufgeteilt, die nach beinahe siebzig Jahren den Status autonomer Nationalstaaten erlangten.

Wenn laut Anderson ausgerechnet auf den Großreichen die Bürde lastete, an ihren eigenen kolonialen Peripherien Nationen zu erfinden und zu „vergegenwärtigen", so muss festgehalten werden, dass das Russische Reich diese Aufgabe nur teilweise bewältigte, und die Sowjetunion diese Mission mit noch größerem Eifer fortsetzte und schließlich auch zur Vollendung brachte.

Aber diese Eigenheiten im Fall Russland stellen die allgemeine Konzeption Andersons nicht in Frage. Mit oder ohne die Sarten wurde die ethnographische Klassifikation der mittelasiatischen Völker vor allem durch den imperialen Blickwinkel auf die Region begründet, in der eine ethnische Einteilung entweder gänzlich fehlte oder sich in einem embryonalen Zustand befand. Durch unmittelbare Beteiligung Russlands wurde innerhalb einer Gesellschaft, die nicht von Ethnien geprägt wurde, die „Grammatik" der zukünftigen mittelasiatischen *Nacional'nosti* geprägt. Obgleich die „Sarten" keine Nation wurden, diente die „*Sartenproblematik*" den Gelehrten, Beamten und später auch den „eingeborenen" Intellektuellen als originelles Versuchslabor, um Argumente und Herangehensweisen zu erörtern, die dann bei der Ausarbeitung der nationalen Entwürfe zur Anwendung kamen. In jener ethnographischen Karte Mittelasiens, die das Russische Reich auf dem Reißbrett entworfen hatte, ergaben sich noch einige Veränderungen. Die Herangehensweisen selbst aber, mit deren Hilfe Inhalte gewonnen wurden, wurde letzten Endes von der sowjetischen und den modernen postsowjetischen Ideologien übernommen.

English summary

Sergei Abashin's work offers an analysis of the research and debates in Russian scholarly and public thought in the 19th and early 20th centuries concerning the so-called "Sart problem" in Central Asia. By examining the history of the emergence of this "problem", the fundamental viewpoints and approaches through which it was articulated, and by revealing the dramatic contestation between various positions, the author seeks to demonstrate the complex dynamics of interaction between knowledge and power in the Russian empire and the early Soviet era.

Drawing upon Benedict Anderson's celebrated account of Imagined Communities, and specifically his thesis that Empire constructed nation before the emergence of nationalism, Segei Abashin also demonstrates the specificity of Russian colonialism in Central Asia. Russian officials and scholars certainly treated a nationality with the name "Sarts" through their administrative and scientific practices, and this identity came to acquire particular social forms, due both to its active promotion by certain influential colonial activists, and as a result of the inertia and habit of using this name. However, this process of articulation on the part of the imperial powers was neither fully conscious nor planned. Many forces spoke on behalf of the state, but none had a monopoly of action or imagination. The Imperial power of the Russian empire was by no means uniform, represented rather by a variety of interests, in which a variety of visions of the future coexisted. At times there was intense discussion; at other times one encounters indecisiveness and fear of change. Secondly, and more importantly, at the moment of the Russian empire's ruination the whole conception that had seemed to dominate over several decades was destroyed in an instant. The political alliance between the Bolsheviks (and forces of the left in general) and local nationalist reformers, grounded in mutual compromise, led to the creation of a thoroughly new system of classifying Central Asian peoples. There was no place for the term, "Sart", in this conception and this category was readily sacrificed to immediate political imperatives. However, these specificities of the Russian case do not fundamentally challenge Anderson's overall thesis. With or without the category Sart, the ethnographic classifications of Central Asian peoples developed above all through an Imperial vision of a region in which ethnic divisions had previously been either entirely absent, or at merely an embryonic stage of development. Although the "Sarts" did not become a nation, the "Sart problem" served, in the opinion of Sergei Abashin, as a form of laboratory for scholars, administrators and eventually the "indigenous" intelligentsia for discussing the arguments and approaches that would subsequently be invoked in national projects.

Literaturverzeichnis

Abašin, Sergej N., „Archeologija sredneaziatskich nacionalizmov: Les mot et les choses", in: *Ab Imperio, Nr. 1*, 2003.

Abramson, David, "Identity Counts: The Soviet Legacy and the Census in Uzbekistan", in: *Census and Identity: The Politics of Race, Ethnicity, and Language in National Censuses*, Kertzer, David I./ Arel, Dominique (Hgs.), Cambridge (Cambridge University Press) 2001, S. 176-201.

Anderson, Benedict, *Voobražaemye soobščestva: Razmyšlenija ob istokach i rasprostranenii nacionalizma*, M. 2001.

Andreev, Michail S., „Veščie sny, neskol´ko primet i detskaja igra 'Soroka-Vorona' sredi nekotorych narodov, glavnym obrazom Srednej Azii. Materialy po étnografii", in: *Izvestija Glavnogo Sredne-Aziatskogo Muzeja, T. 2*, 1923.

Antropologičeskaja vystavka 1879 goda, T.3, Čast´ 1, Fotografičeskij otdel, M. 1879.

Antropologičeskaja vystavka 1879 goda, T.3, Čast´ 1, Otdel manekenov, bjustov i masok, M. 1879.

Arapov, Dmitrij Ju., „Musul´manskoe dviženije v Srednej Azii v 1910 g. (Po archivnym materialam departamenta policii Ministerstva vnutrennich del Rossijskoj imperii)", in: *Sbornik Russkogo istoričeskogo obščestva, T .5 (153)*, M. 2002.

Arapov, Dmitrij Ju., *Sistema gosudarstvennogo regulirovanija islama v rossijskoj imperii (poslednjaja tret´ XVIII - načalo XX vv.)*, M. 2004.

Aristov, Nikolaj A., „Zametki ob étničeskom sostave tjurkskich plemen i narodnostej i svedenija ob ich čislennosti", in: *Živaja starina. Izdanie Otdelenija étnografii IRGO, Vyp. 3-4, God šestoj*, SPb. 1896.

Aršaruni, A./ Gabidullin, Ch., *Očerki panislamizma i pantjurkizma v Rossii*, London 1990.

Azretbergenova, È.Ž., *Seraly Lapin: Žizn', obščestvennaja dejatel'nost' i tvorčeskoe nasledie*, Almaty (AKD) 2004 (in kasachischer Sprache).

Babur, *Babur-name. Zapiski Babura*, Per. M. Sal'e, Taškent 1993.

Baldauf, Ingeborg, "Some Thoughts on the Making of the Uzbek Nation", in: *Cahiers du monde russe et soviétique*, Vol. XXXII (1), Paris janvier-mars 1991.

Bartol'd, Vasilij, „[Recenzija na] Knjaz' V.I. Masal'skij, Turkestanskij kraj", in: Ders., *Sočinenija*, T.2, Čast' 1, *Obščie raboty po istorii Srednej Azii. Raboty po istorii Kavkaza i Vostočnoj Evropy*, M. 1963.

Bartol'd, Vasilij V., „O prepodavanii tuzemnych narečij v Samarkande", in: Ders., *Sočinenija*, T.2. Čast' 2, *Raboty po otdel'nym problemam istorii Srednej Azii*, M. 1964.

Bartol'd, Vasilij V., „Sart", in: Ders., *Sočinenija*, T. 2, Čast' 2, *Raboty po otdel'nym problemam istorii Srednej Azii*, M. 1964.

Bartol'd, Vasilij, „[Recenzija na] N.A. Aristov. Zametki ob ètničeskom sostave tjurkskich plemen i narodnostej i svedenija ob ich čislennosti", SPb. 1897 (1898), in: Ders., *Sočinenija, T.5, Raboty po istorii i filologii tjurkskich i mongol'skich narodov*, M. 1968.

Bartol'd, Vasilij V., „O nacional'nom razmeževanii v Srednej Azii", in: *Vostok*, No. 5, 1991.

Bartol'd, Vasilij V., „Ešče o slove ‚sart'", in: Ders., *Sočinenija, T.2, Čast' 2, Raboty po otdel'nym problemam istorii Srednej Azii*.

Bartol'd, Vasilij V., „Kriegsministeriumesto otveta g-nu Lapinu", in: Ders., *Sočinenija, T.2, Čast' 2, Raboty po otdel'nym problemam istorii Srednej Azii*.

Bartol'd, Vasilij V., „Tadžiki. Istoričeskij očerk", in: Ders., *Sočinenija, T.2, Čast' 1, Raboty po otdel'nym problemam istorii Srednej Azii*.

Bechbudi, Machmud-Chodža, *Izbrannye proizvedenija*, Taškent 1999 (auf usbekisch).

Bejsembiev, Timur K., *Ta'richi-i Šachruchi" kak istoričeskij istočnik*, Alma-Ata 1987.

Bogdanov, Anatolij, „Antropometričeskie zametki otnositel'no turkestanskich inorodcev", in: *Izvestija imperatorskogo Obščestva ljubitelej estestvoznanija, antropologii i ètnografii*, T.34, Vyp. 5, M. 1888.

Borns, Aleksandr, *Putešestvie v Bucharu. Rasskaz o plavanii po Indu ot morja do Lagora s podarkami velikobritanskogo korolja i otčet o putešestvii iz Indii v Kabul, Tatariju i Persiju, predprinjatom po predpisaniju vysšego pravitel'stva Indii v 1831,1832 i 1833 godach lejtenantom Ost-Indskoj kompanejskoj služby Aleksandrom Bornsom, členom korolevskogo obščestva, Čast' 3*, London 1849.

Borovkov, Aleksandr K., *Uzbekskij literaturnyj jazyk v period 1905-1917 gg.*, Taškent 1940.

Bregel', Jurij, "The Sarts in the Khanate of Khiva", in: *Journal of Asian History*, Vol. 12, Nr. 2, 1978.

Bronnikova, Ol'ga M., „Sarty v ètničeskoj istorii Srednej Azii (k postanovke problemy)", in: *Ètnosy i ètničeskie processy. Pamjati R.F. Itsa*, M. 1993.

Bronnikova, Ol'ga M., „Problemy ètničeskogo samosoznanija i mežètničeskie otnošenija naselenija Ferganskoj doliny", in: *Mežnacional'nye otnošenija v uslovijach socialnoj nestabil'nosti*, SPb. 1994.

Brower, Daniel, "Islam and Ethnicity. Russian Colonial Policy in Turkestan", in: *Russia's Orient. Imperial Borderlands and Peoples, 1700-1917*, Brower, Daniel/ Lazzerini, Edward (Hrgs.), Bloomington 1997.

Brower, Daniel, *Turkestan and the Fate of the Russian Empire*, London/ New York 2003.

Bunjakovskij, A.V., „O prostranstve i naselenii Turkestanskogo kraja", in: *MSTK, Vyp.1*, SPb. 1872.

Chanykov, Nikolaj V., *Opisanie bucharskogo chanstva*, SPb. 1843.

Chorošchin, Aleksandr, „Po severnomu sklonu Nuratinskich gor (iz pochodnogo dnevnika)", in: *Turkestanskie vedomosti (dalee TV)*, Nr.24, 19 ijunja 1872.

Choroschin, Aleksandr, „Narody Srednej Azii", in: *Materialy dlja statistiki Turkestanskogo kraja (dalee MSTK), Vyp. 3*, SPb. 1874.

Džerasi, R., „Kul'turnaja sud'ba imperii pod voprosom: musul'manskij Vostok v rossijskoj ėtnografii XIX v.", in: *Novaja imperskaja istorija postsovetskogo prostranstva, biblioteka žurnala Ab imperio*, Gerasimova, I.V., (Hg. u.a.), Kazan' 2004, S. 271-306.

Ėvarnickij, Dmitrij I., „K voprosu o narodnosti i značenii slova sart", in: *TV*, Nr. 44, 3 nojabrja 1892.

Ėvarnickij, Dmitrij I., *Putevoditel' po Srednej Azii ot Baku do Taškenta v archeologičeskom i istoričeskom otnošenijach*, Taškent 1893.

Fedčenko, Aleksej P., „Pervyj otčet turkestanskoj učenoj ėkspedicii", in: Ders., *Putešestvie v Turkestan*, M. 1950.

Ficpatrik, Šejla, „Pripisyvanie k klassu' kak sistema social'noj identifikacii", in: *Amerikanskaja rusistika: Vechi istoriografii poslednich let. Sovetskij period. Antologija*, Samara 2001, S. 174-207.

Fon Kjugel'gen, Anke, *Legitimacija sredneaziatskoj dinastii mangitov v proizvedenijach ich istorikov (XVIII-XIX vv.)*, Almaty (Dajk Press) 2004.

Gavrilov, M., „Proischoždenie slova 'sart'", in: *TV, No. 236*, 20 oktjabrja (2 nojabrja) 1912.

Gavrilov, M.F., „Ėtnografičeskij obzor Turkestana", in: *Očerki chozjajstvennoj žizni Turkrespubliki*, Taškent 1921, S. 21-26.

Gejer, Ivan I., *Putevoditel' po Turkestanu*, Taškent 1901.

Gejer, Ivan I., *Ves' Russkij Turkestan*, Taškent 1908.

Gejer, Ivan I., *Turkestan*, Taškent 1909.

Georgi, Iogann G., *Opisanie obitajuščich, v Rossjskom gosudarstve, narodov, tak že ich žitejskich obrjadov, ver, obyknovenij, žilišč, odežd i pročich dostopamjatnostej. Čast' 2. O narodach tatarskogo plemeni*, SPb. 1796.

Geraci, Robert P., *Window to the East, National and Imperial Identities in Late Tsarist Russia*, Ithaca/London 2001.

Gordienko, A.A., *Sozdanie sovetskoj nacional'noj gosudarstvennosti v Srednej Azii*, M. 1959.

Grebenkin, A.D., „Uzbeki", in: *Russkij Turkestan. Sbornik izdannyj po povodu politechničeskoj vystavki, Vyp.2*, M. 1872.

Grebenkin, A.D., „Tadžiki", in: *Russkij Turkestan. Sbornik izdannyj po povodu politechničeskoj vystavki, Vyp. 2*, M. 1872.

Haugen, Arne, *The Establishment of National Republics in Soviet Central Asia*, N.Y. 2003.

Hirsch, Francine, *Empire of Nations: Ethnographic Knowledge and the Making of the Soviet Union*, Ithaca/ London (Cornell University Press) 2005.

Ischakov, Fajzulla, *Nacional'naja politika carizma v Turkestane (1867-1917 gg.)*, Taškent 1997.

Ischakov, Salavat, *Rossijskie musul'mane i revoljucija (vesna 1917 g.- leto 1918 g.)*, M. 2004.

Ivanov, D., „Bibliografičeskie zametki Expédition scientifique française en Russie, en Sibérie et dans le Turkestan. I v. le Kohistan, le Ferghanah et Kouldja; II v. Le Syr-darya, le Zerafchane, le pays des Sept-rivières et la Sibérie-occidentale, par Ch.E. de Ujfalvy de Mezo-Kovesd. 1878-1879", in: *TV, Nr. 11*, 17 marta 1881.

Janovskij, Aleksandr, „Sarty", in: *Enciklopedičeskij slovar', T. 28a*, SPb. 1900, S. 449.

Južakov, Ju.D., „Sarty ili tadžiki, glavnoe osedloe naselenie Turkestanskoj oblasti", in: *Otečestvennye zapiski, Knižka Vtoraja, Nr.13 (ijul')*, SPb. 1867.

Kadio, Žjul'ett, „Kak uporjadočivali raznoobrazie: spiski i klassifikacii nacional'nostej v Rossijskoj imperii i v Sovetskom Sojuze (1897-1939 gg.)", in: *Ab Imperio, No. 4*, 2002, S. 177-206.

Kappeler, Andreas, *Rossija – mnogonacional'naja imperija: vozniknovenie, istorija, raspad*, M. 1996.

Kastel'skaja, Zinaida D., *Iz istorii Turkestanskogo kraja (1865-1917)*, M. 1980.

Kiselev, V., „Demografičeskaja statistika v kolonial'nom Turkestane vo vtoroj polovine XIX veke", in: *O'zbekiston tarixi*, No.1, 2002, S. 11-18.

Khalid, Adeeb, *The Politics of Muslim Cultural Reform: Jadidism in Central Asia*, Los Angeles/ London (University of California Press) 1998.

Khalid, Adeeb, "Nationalizing the Revolution in Central Asia: The Transformation of Jadidism, 1917-1929", in: *A State of Nations: Empire and Nation-Making in the Age of Lenin and Stalin*, Suny, Ronald G./ Martin, Terry (Hgs.), N.Y. (Oxford University Press) 2001.

Knight, Nathaniel, "Ethnicity, Nationality and the Masses: Narodnost' and Modernity in Imperial Russia", in: *Russian Modernity: Politics, Knowledge, Practices*, Hoffman, David L./ Kotsonis, Yanni (Hgs.), London/ New York 2000.

Komatsu, Hisao, "The Evolution of Group Identity among Bukharan Intellectuals in 1911-1928: An Overview", in: *Memoirs of the Research Department of the Toyo Bunko, No.47*, Tokyo 1989.

Kostenko, Lev F., *Srednjaja Azija i vodvorenie v nej russkoj graždanstvennosti*, SPb. 1871.

Kostenko, Lev F., *Turkestanskij kraj. Opyt voenno-statističeskogo obozrenija Turkestanskogo voennogo okruga, T.1*, SPb. 1880.

Kun, Vl., „Izučenie ètničeskogo sostava Turkestana", in: *Novyj Vostok. Žurnal naučnoj associacii vostokovedenija Sojuza SSR*, Kniga 6-ja, M. 1924.

Kuprijanov, P.S., „Predstavlenija o narodach u rossijskich putešestvennikov načala XIX v., in: *Ètnografičeskoe obozrenie, Nr. 2*, 2004.

Kušelevskij, V.I., *Materialy dlja medicinskoj geografii i sanitarnogo opisanija Ferganskoj oblasti, T.2, Novyj Magelan*, 1891.

Kuznecov, Pjotr E., "O tadžikach Taškentskogo uezda (kratkij otčet)", in: *Izvestija Turkestanskogo otdela IRGO*, T.2, Vyp. 2, Taškent 1900.

Kuznecov, Pjotr E., "O tadžikach Namanganskogo uezda (kratkij otčet)", in: *Izvestija Turkestanskogo otdela IRGO*, T.9, Vyp.2, Čast´ 1, Taškent 1915.

Kuznecov, Pjotr E., "O tadžikach Kokandskogo uezda (kratkij otčet)", in: *Izvestija Turkestanskogo otdela IRGO*, T.12, Vyp. 2, Taškent 1916.

Lapin, Ser-Ali, "O značenii i proischožděnii slova ‚sart' (Po povodu zametki g. V. Bartol´da)", in: *TV, Nr. 36*, 22 maja (3 ijunja) 1894.

Larjuėl´, Marlen, "Umozritel´naja Zentral´naja Azija: Poiski prarodiny arijcev v Rossii i na Zapade", in: *Vestnik Evrazii, Nr. 4 (23)*, 2003.

Lavrov, M.V., *Turkestan. Geografija i istorija kraja*, M. 1914.

Logofet, D.N., *Bucharskoe chanstvo pod russkim protektoratom*, T .1-2, SPb. 1911.

Lukašova, Natal´ja, "V.P. Nalivkin: ešče odna zamečatel´naja žizn´", in: *Vestnik Evrazii, Nr. 1-2 (6-7)*, 1999.

Lunin, Boris V., *Naučnye obščestva Turkestana i ich progressivnaja dejatel´nost´. Konez XIX – načalo XX v.*, Taškent 1962.

Lunin, Boris V., "Nikolaj Petrovič Ostroumov", in: *Istoriografija obščestvennych nauk v Uzbekistane*.

Lunin, Boris V., "Vladimir Petrovič Nalivkin", in: *Istoriografija obščestvennych nauk v Uzbekistane. Bio-bibliografičeskie očerki*, Taškent 1974.

Lykošin, Nil S., "O čem grezjat tuzemcy", in: *TV, No. 7*, 24 avgusta 1917.

Lykošin, Nil S., "Narodnosti Turkestana kak voennyj material", in: *Voennaja mysl´, Kn.1*, sentjabr´ 1920.

Maev, Nikolaj, "Geografičeskij očerk Gissarskogo kraja i Kuljabskogo bekstva", in: *Izvestija IRGO, T.12, Vyp.. 4*, SPb. 1876.

Magidovič, Iosif P., „Naselenie", in: *Otčet o dejatel'nosti Soveta narodnych komissarov i Ėkonomičeskogo soveta Turkestanskoj respubliki na 1-oe oktjabrja 1922 goda*, Taškent 1922.

Magidovič, Iosif P., „Obzor itogov demografičesko-professional'noj perepisi 1920 goda v Syr-Dar'inskoj oblasti", in: *Materialy Vserossijskich perepisej 1920 goda. Perepis' naselenija v Turkestanskoj Respubliki, Čast' 1, Poselennye itogi, Vyp. 3, Poselennye itogi Syr-Dar'inskoj oblasti*, Taškent 1923.

Magidovič, Iosif P., „Naselenie TSSR v 1920 g.", in: *Statističeskij ežegodnik 1917-1923 gg., T.1*, Taškent 1924.

Magidovič, Iosif P., „Obzor itogov demografičesko-professional'noj perepisi 1920 goda v Samarkandskoj oblasti", in: *Materialy Vserossijskich perepisej 1920 goda. Perepis' naselenija v Turkestanskoj Respublike, Čast' 1, Poselennye itogi, Vyp. 5, Poselennye itogi Samarkandskoj oblasti*, Taškent 1924.

Magidovič, Iosif P., „Sel'skoe naselenie Ferganskoj oblasti po materialam perepisi 1917 goda", in: *Materialy Vserossijskich perepisej. Perepis' naselenija v Turkestanskoj Respublike, Vyp. 4, Sel'skoe naselenie Ferganskoj oblasti po materialam perepisi 1917 goda*, Taškent 1924.

Magidovič, Iosif P., „Naselenie", in: *Materialy po rajonirovaniju Srednej Azii, Kn.1, Territorija i naselenie Buchary i Chorezma, Čast' 1*, Buchara, Taškent 1926.

Mallickij, Nikolaj G., „O vzaimootnošenii nazvanij 'sart' i 'uzbek'", in: *Central'nyj gosudarstvennyj archiv Respubliki Uzbekistan, F.2231, Op.1, D.46, L.32-33*, 1925 (unveröffentlicht).

Martin, Terry, *The Affirmative Action Empire: Nation and Nationalism in the Soviet Union, 1923-1939*, Ithaca/ N.Y. (Cornell University Press) 2001.

Martin, Terry, „Imperija pozitivnogo dejstvija: Sovetskij Sojuz kak vysšaja forma imperializma?", in: *Ab Imperio, No. 2*, 2002.

Masal'skij, Vladislav I., *Turkestanskij kraj*, SPb. 1913.

Masov, Rachim, *Istorija topornogo razdelenija*, Dušanbe 1991.

Materiały Vsesojuznoj perepisi nasekenija 1926 goda v Uzbekskoj SSR, Vyp.1, Poselennye itogi, Samarkand 1927.

Mejendorf, Egor K., *Putešestvie iz Orenburga v Buchary*, M. 1975.

Middendorf, Aleksandr F., *Očerki Ferganskoj doliny*, SPb. 1882.

Miller, Aleksej, „Rossijskaja imperija, orientalizm i processy formirovanija nacij v Povolž´e", in: *Ab imperio*, Nr. 3, 2003, S. 393-406.

Miropiev, M.A., *O položenii russkich inorodcev*, SPb. 1901.

Morozov, B.F., „Naselenie Uzbekistana (bez Tadžikistana) po materialam Vsesojuznoj perepisi 1926 goda", in: *Materiały Vsesojuznoj perepisi nasekenija 1926 goda v Uzbekskoj SSR.*

Nalivkin, Vladimir, „Po povodu knigi A.F. Middendorfa", in: *Turkestanskie vedomosti*, Nr. 37, 20 sentjabrja 1883.

Nalivkin, Vladimir, „Po povodu knigi A.F. Middendorfa", in: *Turkestanskie vedomosti*, Nr. 38, 27 sentjabrja 1883.

Nalivkin, Vladimir, *Kratkaja istorija Kokandskogo chanstva*, Kazan´ 1886.

Nalivkin, Vladimir/ Nalivkina M., *Očerk byta ženščiny osedlogo tuzemnogo naselenija Fergany*, Kazan´ 1886.

Nalivkin, Vladimir P./ Lapin, S.-A. (u.a.), „Kratkij obzor sovremennogo sostojanija i dejatel´nosti musul´manskogo duchovenstva, raznogo roda duchovnych učreždenij i učebnych zavedenij tuzemnogo naselenija Samarkandskoj oblasti s nekotorymi ukazanijami na ich istoričeskoe prošloe", in: *Sbornik materialov po musul´manstvu*, T. 1, SPb. 1899.

Nalivkin, Vladimir P., *Tuzemcy ran´še i teper´*, Taškent 1913.

Nemčenko, M., *Nacional´noe razmeževanie Srednej Azii*, M. 1925.

Obiya, Chika, "When Faizulla Khojaev Decided to Be an Uzbek", in: *Islam in Politics in Russia and Central Asia (Early Eighteenth to Late Twentieth Centuries)*,

Dudoignon, Stéphane A./ Komatsu, Hisao (Hgs.), London/ N.Y./ Bahrain 2001, S. 99-118.

Obzor Ferganskoj oblasti za 1888 god. Novyj Margelan, o. D.

Obzor Ferganskoj oblasti za 1894 god. Novyj Margelan, 1896.

Obzor Ferganskoj oblasti za 1898 god. Novyj Margelan, 1900.

Obzor Ferganskoj oblasti za 1899 god. Novyj Margelan, 1991.

Obščij svod po imperii rezul'tatov razrabotki dannych Pervoj vseobščej perepisi naselenija, proizvedennoj 28 janvarja 1897 goda, T.2, SPb. 1905.

Ostroumov, Nikolaj P., *Turkestan.Sostavili oficery staršego kursa Nikolaevskoj akademii General'nogo štaba po lekcijam adjunkt-professora M. Litvinova v 1882-1883 g.*, SPb. 1883.

Ostroumov, Nikolaj, „Značenie nazvanija ‚Sart'", in: *TV, Nr. 28*, 17 ijulja 1884.

Ostroumov, Nikolaj P., *Sarty. Ètnografičeskie materialy, Vyp.1*, Taškent 1890.

Ostroumov, Nikolaj P., „K voprosu o prepodavanii sartovskogo jazyka na mestnych kursach", in: *TV, Nr.41*, 18 marta 1907.

Ostroumov, Nikolaj P., *Sarty: Ètnografičeskie materialy (obščij očerk)*, Taškent 1908.

Ostroumov, Nikolaj, „Russkie ne vydumyvali slova 'sart'", in: *TV, No. 241*, 26 oktjabrja (8 nojabrja) 1912.

Palen, Konstantin K., *Materialy k charakteristike narodnogo chozjajstva v Turkestane, Čast' 1, Otd.1, Priloženie k otčetu po revizii Turkestanskogo kraja, proizvedennoj po Vysočajšemu poveleniju Senatorom Gofmejsterom Grafom K.K. Palenom*, SPb. 1911.

[Pašino, Pjotr I.], *Turkestanskij kraj v 1866 godu. Putevye zametki P.I. Pašino*, SPb. 1868.

Pervaja Vseobščaja perepis' naselenija Rossijskoj imperii 1897 g. T. LXXXIX, Ferganskaja oblast', SPb. 1904.

Pervaja Vseobščaja perepis' naselenija Rossijskoj imperii 1897 g.T.LXXXII, Zakaspijskaja oblast', SPb. 1904.

Pervaja Vseobščaja perepis' naselenija Rossijskoj imperii 1897 g.T.LXXXIII, Samarkandskaja oblast', SPb. 1905.

Pervaja Vseobščaja perepis' naselenija Rossijskoj imperii 1897 g. T.LXXXV, Semirečenskaja oblast', SPb. 1905.

Pervaja Vseobščaja perepis' naselenija Rossijskoj imperii 1897 g. T.LXXXVI, Syrdar'inskaja oblast', SPb. 1905.

Pervyšev, I., „O nacional'nom voprose v Turkestane", in: *TV*, No. 71, 20 ijunja (3 ijulja) 1917.

Polivanov, Evgenij D., *Ėtnografičeskaja charakteristika uzbekov, Vyp.1, Proischoždenie i naimenovanie uzbekov*, Taškent 1926.

Rachimov, R.R., „Ivan Ivanovič Zarubin (1887-1964)", in: *Sovetskaja ėtnografija*, No.1, 1989, S. 111-121.

Rachimov, R.R., „K voprosu o sovremennych tadžiksko-uzbekskich mežnacional'nych otnošenijach", in: *Ėtnografičeskoe obozrenie*, No.1, 1991.

Rachmatillaev, Chusniddin, „Dinamika ėtničeskoj struktury sel'skogo naselenija Ferganskoj doliny", in: *Rasy i narody, Vyp.18*, M. 1988, S. 143-159.

Rachmatillaev, Chusniddin, „Specifika v dinamike ėtničeskoj struktury gorodskogo i sel'skogo naselenija (na primere uzbekskoj časti Ferganskoj doliny)", in: *Ėtnografija, antropologija i smežnye discipliny: sootnošenie predmeta i metodov*, M. 1989.

Radlov, Vasilij V., *Iz Sibiri*, M., 1989.

Reklju, Ėlise, *Zemlja i ljudi. Vseobščaja geografija. T.6. Aziatskaja Rossija i sredneaziatskie chanstva*, SPb. 1883.

Samojlovič, Aleksandr, „K voprosu o sartach", in: *Živaja starina, Vyp. 3*, SPb. 1910 (otdel'nyi ottisk - Sonderdruck).

Sbornik statej kasajuščichsja do Turkestanskogo kraja A.P. Choroschina, SPb. 1876.

Semenov, A.A., *K probleme nacional'nogo razmeževanija Srednej Azii*, 1924.

Slezkin, Jurij, „SSSR kak kommunal'naja kvartira, ili Kakim obrazom socialističeskoe gosudarstvo pooščrjalo ėtničeskuju obosoblennost'", in: *Amerikanskaja rusistika:vechi istoriografii polednich let. Sovetskij period*, Samara 2001.

Slezkin, Jurij, „Estestvoispytateli i nacii. Russkie učenye XVIII veka i problema ėtničeskogo mnogoobrazija", in: *Rossijskaja imperija v zarubežnoj istoriografii*, M. 2005.

Slokum, Džon U., „Kto i kogda byli ,inorodcami'? Ėvoljucija kategorii ,čužie' v Rossijskoj imperii", in: *Rossijskaja imperija v zarubežnoj istoriografii*, M. 2005.

Snesarev, A.E., „Vostočnaja Buchara (voenno-geografičeskij očerk)", in: *Sbornik geografičeskich, topografičeskich i statističeskich materialov po Azii, Vyp. 79*, SPb. 1906.

Sobolev, Leonid N., „Geografičeskie i statističeskie svedenija o Zeravšanskom okruge", in: *Zapiski IRGO po otdeleniju statistiki, T.4*, SPb. 1874.

Sokolovskij, Sergej V., *Obrazy drugich v rossijskoj nauke, politike i prave*, M. 2001.

Spisok naselennych mest Ferganskoj oblasti, Skobelev 1909.

„Sredneaziatskie narody. Tadžiki", in: *Priroda i ljudi*, SPb. Nojabr' 1880.

„Sredneaziatskie narody. Uzbeki", in: *Priroda i ljudi*, SPb. Dekabr' 1880.

Suny, Ronald G./ Martin, Terry (Hgs.), *A State of Nations: Empire and Nation-Making in the Age of Lenin and Stalin*, N.Y. (Oxford University Press) 2001.

Šišov, A., *Sarty. Ėtnografičeskoe i antropologičeskoe issledovanie, Čast' 1, Ėtnografija*, Taškent 1904 (In der Serie: Sbornik materialov dlja statistiki Syr-Dar'inskoj oblasti, Kn. 11).

Šišov, A., *Tadžiki. Ėtnografičeskoe i antropologičeskoe issledovanie, Čast' 1, Ėtnografija*, Taškent 1910.

Šternberg, Lev Ja., "Uzbeki", in: *Ènciklopedičeskij slovar'*, T. *34a*, SPb. 1902, S. 608f.

Tajny nacional'noj politiki CK RKP. Stenografičeskij otčet sekretnogo IV Soveščanija CK RKP. 1923 g., M. 1992.

Terent'ev, Michail A., "Statističeskie očerki Sredneaziatskoj Rossii", in: *Zapiski IRGO po otdeleniju statistiki*, T.4, SPb. 1874.

Togan, Zaki Validi, *Vospominanija. Bor'ba musul'man Turkestana i drugich vostočnych tjurok za nacional'noe suščestvovanie i kul'turu*, M. 1997.

"Tretij meždunarodnyj kongress orientalistov v Sankt-Peterburge", in: *Izvestija imperatorskogo russkogo geografičeskogo obščestva (dalee IRGO), T.12, Vyp. 4*, SPb. 1876.

Tumanovič, N.N., "Opisanie archiva akademika V.V. Bartol'da", in: *Annotirovannaja bibliografija trudov V.V. Bartol'da. Opisanie archiva akademika V.V. Bartol'da*, Umnjakov, I.I./ Tumanovič, N.N., M. 1976.

Turkestan v načale XX veka: k istorii istokov nacional'noj nezavisimosti, Taškent 2000.

Ujfalvy, Károly Jenö, *Expédition scientifique Française en Russie, en Sibérie et dans le Turkestan. Le Kohistan, le Ferghanah [et] Kouldja avec un appendice sur la Kachgarie*, Paris 1878.

Ujfalvy, Károly Jenö, *Expédition scientifique Française en Russie, en Sibérie et dans le Turkestan. Atlas anthropologique des peuples du Ferghanah*, Paris 1879.

Usmanova, D., "Sozdavaja nacional'nuju istoriju tatar: istoriografičeskie i intellektual'nye debaty na rubeže vekov", in: *Ab Imperio, No. 3*, 2003.

Vamberi, Armin, *Očerki Srednej Azii*, M. 1868.

Venjukov, Michail I., *Očerk političeskoj ètnografii stran, ležaščich meždu Rossieju i Indieju*, SPb. 1878.

Vil'kins, Aleksandr I., "Sredneaziatskaja bogema", in: *Antropologičeskaja vystavka 1879 goda, T.3, Čast' 1*, M. 1879.

Zarubin, Ivan I., *Spisok narodnostej Turkestanskogo kraja*, L. 1925.

Zarubin, Ivan I., *Naselenie Samarkandskoj oblasti*, L. 1926.

Zarubin, Ivan I., *Spisok narodnostej Sojuza Sovetskich Socialističeskich Respublik*, L. 1927.

Bei Fragen zur Produktsicherheit wenden Sie sich bitte an:
If you have any questions regarding product safety,
please contact:

Walter de Gruyter GmbH
Genthiner Straße 13
10785 Berlin
productsafety@degruyterbrill.com